THE ORIGINAL EPILOGUE

THE ORIGINAL EPILOGUE

오리지널 에필로그

번역가
홍종락의
C. S. 루이스
에세이

홍종락
지음

홍성사

프롤로그.
한 번역가의 못다 전한 이야기

대학 시절, 같이 살던 선배의 서재에서 《스크루테이프의 편지》를 집어 든 것이 루이스와의 첫 만남이었다. 이것을 시작으로 루이스의 책을 잡히는 대로 구해 읽었다. 그의 글을 통해 기독교 신앙 안에서 이성과 상상력이 만나는 실증을 보았고, 눈이 열리고 다른 세상을 보는 경험을 했다. 그리고 어느 순간 루이스의 책을 번역하고 싶은 마음에 이끌려 번역가의 길에 들어섰다. 여러 권의 책을 번역하며 역자로 만난 루이스는 독자 때와는 조금 달랐다. 좀 더 섬세했고, 더 깊었고, 더 예리한 논리와 다양한 색깔을 품고 있었다.

그렇게 오랜 시간 루이스의 글을 담아내다 보니 어느새 내가 그의 글과 생각을 가지고 세상을 바라보고 있음을 깨달았다. 어떤 상황이나 주장, 글을 만나면 그의 논리와 인용이 떠오르는 경험을 했다. 그리고 루이스의 통찰을 빌려와 그를 안경 삼아 이런저런 주제를 다뤄 보고 싶다는 생각이 들었다. 또한 그동안 역자로서 생각했던 이야기들을 좀 더 전하고 싶었다. 이런 생각을 듣고 학생신앙운동(SFC) 총동문회 잡지인 〈개혁신앙〉에 지면을 마련해 준 정병오 선배 덕분에 이 책의 원고들이 세상에 나올 수 있었다. 《스크루테이프의 편지》를 집어 든 장소도 정 선배의 서재였으니, 그는 나와 루이스의 인연에 특별한 자리를 차지하고 있음에 틀림없다.

이 책의 1장은 〈월드뷰〉의 요청을 받아 쓴 글이고, 에필로그 '왜 루이스인가?'는 〈크리스채너티투데이 한국판〉에, 이외의 대부분의 원고는 〈개혁신앙〉에 실렸던 글이다. 세상에 쉬운 일이 없고 업으로 삼는 번역도 결코 쉽지 않지만, 글을 쓰는 일은 정말 힘든 작업이다. 원고 마감일이 닥칠 때마다 이번에는 쓸 수 있을까 막막할 때가 많았다. 아니, 거의 매번 그랬다. 그러나 어떻게든 사건과 만남과 실마리가 주어져 여기까지 왔다. 감사할 따름이다. 이 책에 쓴 내용이 부끄럽지 않게 살아갈 수 있으면 좋겠다.

원고의 첫 번째 독자이자 날카로운 눈으로 함량 미달의 여러 글을 버릴 수 있게 교통정리를 해주고, 가끔 괜찮은 글에는 격려도 해준 아내에게 고마움을 전한다. 돌아가신 어머니, 홀로 되셨지만 여전히 신앙 안에서 꿋꿋이 살아가시는 아버지께 이 책을 바친다.

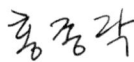

차례

프롤로그 | 한 번역가의 못다 전한 이야기　　　　　　　　　4

1부. 당신의 벗, 루이스

　1　순전한 그리스도인, C. S. 루이스　　　　　　　10
　2　모든 그리스도인에게는 번역이 필요하다　　　26
　3　루이스의 글이 내 생각과 다를 때　　　　　　40
　4　루이스의 스승들　　　　　　　　　　　　　　52
　5　독서가로서 루이스　　　　　　　　　　　　　65
　6　편지 속 루이스의 인간적인 민낯　　　　　　　75

2부. 우리가 얼굴을 찾을 때까지

　7　사랑의 상처를 피하는 법　　　　　　　　　　88
　8　사람이 되어 가는 과정　　　　　　　　　　　101
　9　순례자의 문제　　　　　　　　　　　　　　　111
　10　루이스, 허무에 답하다　　　　　　　　　　　124
　11　찾아오는 의심 앞에서　　　　　　　　　　　136
　12　잠재된 증거를 보는 눈　　　　　　　　　　　150

3부. 순례자의 귀향

13 《실낙원》과 《페렐란드라》	164
14 영광의 예언 앞에 드러나는 실체	181
15 부르실 때 감당할 힘도 주신다는 믿음	193
16 아슬아슬한 시간 속에 펼쳐지는 넉넉한 구원	205
17 천국 문 앞을 막고 선 이들	215
18 보바리 부인의 열정과 하루키의 동경이 가리키는 것	231
19 끝까지 걸어가면	241
에필로그 | 왜 루이스인가?	250
부록 | 루이스 저작을 읽기 위한 가이드	259

1

당신의 벗,
루이스

1
순전한 그리스도인,
C. S. 루이스

저는 태양이 떠오른 것을 믿듯 기독교를 믿습니다. 그것을 보기 때문만이 아니라 그것에 의해서 다른 모든 것을 보기 때문입니다.

― C. S. 루이스

〈나니아 연대기〉의 작가. 20세기 최고의 기독교 변증가. 아일랜드 출신의 영국 작가 C. S. 루이스(Clive Staples Lewis, 1898-1963)를 수식하는 표현들이다. 혹시 이 정도가 루이스에 대해 아는 전부라 해도 염려할 것 없다. 이 글을 통해 루이스의 생애와 그의 대표 저작을 일부나마 죽 훑어볼 수 있을 것이다. 그런 의미에서 이 글은 루이스라는 산을 오르는 데 도움을 주는 짤막한 산행 가이드와 같다. 혹은 루이스라는 주 메뉴에 대한 입맛을 돋우는 애피타이저라고 생각해도 좋다.

어린 시절

C. S. 루이스는 1898년 11월 29일 아일랜드 벨파스트에서 태어났다. 아버지는 변호사였고, 어머니는 수학을 전공한 지적인 여성이었다. 어린 시절 루이스는 책을 좋아하는 부모가 갖춰 놓은 방대한 서재에서 읽기와 쓰기에 전념했다. 그런데 그가 열 살 때, 어머니가 암으로 세상을 떠난다.

어머니를 여의고 그는 곧바로 기숙학교로 보내지는데, 그곳은 모든 면에서 최악이었다. 이후 여러 학교를 전전하며 몇몇 좋은 선생님을 만났지만 대체로 잘 적응하지 못했다. 그리고 이 무렵 어릴 때의 기독교 신앙을 버리고 무신론자가 된다. 결국 루이스는 학교를 그만두고, 그의 논리적인 능력을 최대로 키워 준 개인 교사의 도움을 받아 옥스퍼드 대학교 고전학부에 입학한다.

그로부터 몇 개월 후, 제1차 세계대전에 참전했다가 전투 중 부상을 당해 잉글랜드로 후송된다. 이때 체스터턴의 책을 보고 기독교 신앙을 지지하는 강력한 변증을 발견했다. 그리고 자신이 좋아하는 작가들이 다 기독교인임을 알게 된다. 그는 학업을 재개하여 우수한 성적으로 고전학, 철학, 영문학에서 학위를 취득했다.

1924년 루이스는 유니버시티 칼리지에서 1년 동안

철학을 가르친 후, 다음 해 5월에 옥스퍼드 모들린 칼리지의 펠로우로 선출되었다. 이후 29년간 이곳에서 영어와 영문학을 가르치다 1954년 케임브리지 모들린 칼리지로 옮기게 된다.

회심

대학에서 자리를 잡은 후, 그의 신앙적 탐구가 본격적으로 진행되었다. 치열한 고민과 사색, 독서와 토론을 거쳐 그의 철학적 입장은 무신론에서 범신론으로, 거기서 다시 유신론으로 바뀌기에 이른다. 그의 영적 자서전이라 할 수 있는 《예기치 못한 기쁨》 14장의 제목은 '체크메이트'이다. 사상으로서의 유신론에 머물지 않고, 하나님을 하나님으로 인정하게 되는 과정을 체스 경기에 비유한 것이다. 그 장의 중심 내용은 "얼마 가지 않아 주도권이 나에게 있다는 환상조차 더 이상 붙들 수 없게 되었다. 나의 맞수는 드디어 마지막 몇 수를 두기 시작하셨다"라는 말과 더불어 펼쳐진다. 그리고 맞수의 결정적인 몇 수에 체크메이트로 걸린 루이스는 결국 두 손을 들고 만다.

모들린의 방에 혼자 있을 때, 일만 잠시 놓으면 그토록 피하고 싶어 했던 그분이 꾸준히, 한 치의 양보도 없이 다가오시는 것을 밤마다 느껴야 했던 내 처지를 상상해 보기

바란다. 내가 너무나도 두려워했던 그 일이 마침내 일어나고야 말았다. 1929년 여름 학기에 나는 드디어 항복했고, 하나님이 하나님이시라는 사실을 인정했으며, 무릎을 꿇고 기도했다.

그는 아예 이렇게 말하기도 했다. "나는 하나님을 찾아 나서지 않았다. 그 반대였다. 그분이 사냥꾼이었고(내게는 그렇게 보였다) 나는 사슴이었다. 그분은 인디언처럼 몰래 나를 추적해 정확히 겨냥하고 쏘셨다."

그의 회심에 결정적인 영향을 끼친 인물로 J. R. R. 톨킨(그렇다. 〈반지의 제왕〉의 작가 톨킨이 그의 가까운 친구였다)을 꼽을 수 있다. 루이스는 톨킨과 대화를 나눈 후, 기독교가 '참된 신화'임을 깨닫는다. 그리고 '신을 믿는 자리에서 그리스도를 확실히 믿는 자리, 즉 기독교를 믿는 자리로 넘어갔다.' 루이스는 기독교의 복음을 '사실이 된 신화'라고 불렀다.

모든 시대를 통틀어 이 지점에서만, 오직 이 지점에서만 신화는 사실이 된 것이 틀림없었다. '말씀'이 육신이 되었다. 하나님이 인간이 되셨다. 이것은 '하나의 종교'도, '하나의 철학'도 아니다. 이것은 모든 종교, 모든 철학의 요지이자 실재이다.

루이스의 회심 이야기를 이렇게 길게 하는 것은 이를 계기로 그가 완전히 달라졌기 때문이다. 기독교는 그에게 액세서리처럼 덧붙여진 종교가 아니었다. 모든 것을 새롭게 보게 하고 통합시켜 준 총체적 세계관이었다. 루이스보다 조금 앞서 성공회 신자로 회심했던 T. S. 엘리엇은 회심 전후로 작품에서 별다른 차이를 볼 수 없는데 루이스의 경우는 달랐다.

루이스는 어릴 때부터 자유로운 상상력과 이성적 논리 사이에서 분열을 경험했다. 그가 사랑하는 시와 신화는 모두 상상의 영역에 속한 것, 말하자면 현실이 아닌 것 같았다. 그가 실재라고 믿는 것은 모두 음산하고 무의미하게 여겨졌다. 그런데 기독교를 믿고 나서 그 안에서 상상과 논리의 통합을 경험했다.

《순례자의 귀향》과 《고통의 문제》

1933년, 루이스는 회심 후 처음으로 쓴 책인 《순례자의 귀향The Pilgrim's Regress》을 출간했다. 존 번연의 《천로역정 The Pilgrim's Progress》을 본으로 삼은 이 책에는 그가 상상력과 이성 어느 한쪽에도 치우치지 않고, 기독교 안에서 두 영역의 통합을 발견하는 과정이 담겨 있다. 책의 주인공 존은 루이스와 같이 그의 마음을 사로잡은 '채워지지 않는 갈망'(그는 그것을 '기쁨'이라 불렀다)을 따라가다 그 갈망이 가리키는 실재를 찾게 된다.

1940년에는 《고통의 문제》를 출간했다. 그는 고통의 문제를 이렇게 정의했다. "하나님이 선하시다면 자신이 만든 피조물들에게 완벽한 행복을 주고 싶어 할 것이며, 하나님이 전능하시다면 그 소원대로 할 수 있을 것이다. 그런데 지금 피조물들은 행복하지 않다. 그러므로 하나님은 선하지 않은 존재이거나 능력이 없는 존재, 또는 선하지도 않고 능력도 없는 존재일 것이다." 그는 선하다, 전능하다, 행복하다는 말의 뜻을 분석해 하나님은 전능하시고 선하시며 피조물의 고통에는 의미가 있다고 밝힌다. 이 책의 잊히지 않는 한 대목에서 그는 고통을 이렇게 정의한다. "고통은 귀먹은 세상을 불러 깨우는 하나님의 메가폰이다."

《순전한 기독교》

《고통의 문제》 출간을 계기로, 그는 1941년 BBC 라디오의 기독교 소개 강연을 맡는다. 제2차 세계대전이 한창이던 그 무렵, 루이스의 강연은 대단한 인기를 끌었고, 그를 전국적 유명 인사로 만들어 주었다. 세 시리즈('옳고 그름: 우주의 의미를 푸는 실마리', '그리스도인은 무엇을 믿는가', '그리스도인의 행동')로 총 29회에 걸쳐 진행된 라디오 원고가 각각 책으로 나왔고, 후에(1952년) 그것을 하나로 묶어 펴낸 책이 《순전한 기독교》이다.

《순전한 기독교》의 1부는 도덕법을 논한다. 옳고 그름에 대한 의식은 모두에게 있다. 인간 본성의 법칙, 옳고 그름의 법칙이 있다면 그런 법칙을 제정한 존재, 입법자를 생각하지 않을 수 없다. 그런데 알다시피 우리는 그 법칙을 어기고 있으니, 그 법칙의 제정자와 우리의 관계는 지금 심각한 상황일 거라 짐작할 수 있다. 문제는 우리에게 그 법을 지킬 힘이 없다는 것이다. 이 사실을 깨달아야만 기독교에서 제시하는 구원의 길이 의미 있게 다가온다.

《순전한 기독교》에서 루이스는 도덕률의 존재에서 출발해 인간이 처한 암담한 상황이 하나님 없이 행복해지고자 했던 가망 없는 시도의 결과라고 말한다. 그리고 인간 역사 전체가 그런 실패의 역사라고 정리한다. 인간이라는 기계는 하나님을 연료로 움직이도록 만들어졌기에, 다른 연료로 열심히 굴려보려 해도 안 된다는 것이다.

이런 상황에 대해 하나님은 몇 가지 조치를 취하셨다. 첫째, 인간들에게 옳고 그른 것을 분별할 양심을 주셨다. 둘째, 어떤 이방 종교에든지 다 퍼져 있는 기묘한 이야기, 즉 죽었다가 다시 살아나 어떤 식으로든 인간에게 새 생명을 주는 신에 대한 이야기를 알게 하셨다. 루이스는 이런 기묘한 이야기를 '좋은 꿈'이라고 부른다. 셋째, 한 민족(유대 민족)을 택하셔서 하나님이 한 분이시며 옳은 행동을 원하신다는 것을 알리셨다.

그런데 놀라운 일이 벌어졌다. 유일신을 믿는 유대인 가운데 하나님으로 자처하는 사람이 등장한 것이다. 그는 자신이 옛날부터 항상 존재해 왔고, 선지자들을 이스라엘에 계속 보낸 장본인이며, 마지막 날 다시 와서 세상을 심판하겠다는 말을 했다. 게다가 사람들의 죄를 용서한다고 말했다. 루이스는 이 모든 증거를 이렇게 정리했다.

> 제가 이런 말을 하는 것은 "나는 예수를 위대한 도덕적 스승으로는 기꺼이 받아들이지만, 자신이 하나님이라는 주장만큼은 받아들일 수 없다"는 어리석기 짝이 없는 말을 그 누구도 못하게 하기 위해서입니다. 우리는 이런 말을 할 수 없습니다. 인간에 불과한 사람이 예수와 같은 주장을 했다면, 그는 결코 위대한 도덕적 스승이 될 수 없습니다. 그는 정신병자, 즉 자신을 삶은 계란이라고 말하는 사람과 수준이 똑같은 정신병자거나, 아니면 지옥의 악마일 것입니다.
>
> 이제 여러분은 선택을 해야 합니다. 이 사람은 하나님의 아들이었고, 지금도 하나님의 아들입니다. 그게 아니라면 미치광이거나 그보다 못한 인간입니다. 당신은 그를 바보로 여겨 입을 틀어막을 수도 있고, 악마로 여겨 침을 뱉고 죽일 수도 있습니다. 아니면 그의 발 앞에 엎드려 하나님이요 주님으로 부를 수도 있습니다. 그러나 위

대한 인류의 스승이니 어쩌니 하는 선심성 헛소리에는 편승하지 맙시다. 그는 우리에게 처음부터 그럴 여지를 주지 않았습니다. 그에게는 그럴 여지를 줄 생각이 처음부터 없었습니다.

공군 강연과 소크라테스 클럽

《순전한 기독교》가 광범위하게 청중에게 다가갈 수 있었던 것은 인생의 문제를 진지하게 생각할 수밖에 없는 전쟁이라는 특수 상황도 있겠으나, 루이스가 겪었던 좌절과 노력의 산물이기도 하다. 1940년, 루이스는 영국 공군을 방문해 기독교 강연을 시작했다. 1941년까지 이어진 이 강연을 통해 루이스는 번역의 필요성을 절감하게 되었다. 이 시간은 그가 지성인 이외의 사람들에게 다가갈 수 있었던 좋은 기회가 됐다. 루이스는 자신의 접근 방식이 가진 구제 불능의 지성주의 때문에 어려움이 있었다고 토로했다. "예수님께 오십시오"라고 단순하게 감정에 호소하는 전도 방식이 여전히 효력을 발휘함을 봤다며, 그러나 자신처럼 그런 은사가 없는 사람들은 아예 섣부른 시도를 하지 않는 편이 낫다고 덧붙였다.

1942년 1월부터 소크라테스 클럽이 시작되었다. 이 클럽에서 그는 54년 케임브리지로 자리를 옮길 때까지 좌장을 맡았다. 소크라테스 클럽은 종교, 특히 기독교와 관련된 지적 난제들을 공개적으로 토론할 장이 절실히 필요하다는 옥스퍼드 대학교 당국의 판단으로 만들어졌다. 매주 월요일 저녁에 진행된 이 모임의 취지에 대해 루이스는 '어디건 증거가 이끄는 곳으로 따라가라'는 소크라테스의 원리를 기독교에 대한 찬반양론이라는 주제에 적용하기 위해서라고 밝혔다. "이곳에서는 경건함이라는 치장 없이 기독교를 지지하는 논증과 무신론적 주간지에서 흔히 볼 수 있는 엉뚱한 혁명적 선동 없이 기독교에 반대하는 논증을 들 수 있습니다."

모임은 이렇게 진행되었다. 유신론이나 무신론의 한 진영에서 먼저 발표를 한다. 그러면 반대 진영의 사람이 그의 논증에 반론을 제기하고 원래 발표자가 재반론을 하는 방식이었다. 루이스는 대부분의 논쟁에서 무신론의 대변자들을 코너에 몰아넣었다.

《스크루테이프의 편지》, 《기적》, 〈나니아 연대기〉

1942년, 루이스는 《스크루테이프의 편지》를 출간했다. 고참 악마 스크루테이프가 신참 악마 웜우드에게 그가 맡은 인간의 영혼을 파멸로 이끌도록 유혹하는 내용이었다. 악마의 시각(그래서 그의 편지에서 하나님은 '원수'로, 사탄은 '지하에 계신 아버지'로 등장한다)에서 인간이 겪는 사소한 일상들, 생각과 판단들이 영원한 운명이 달린 영적 전투의 장이라는 것을 생생하게 보여 준 이 작품은 열광적인 호응을 얻었다. 마침 1947년 〈타임〉지가 루이스를 커버스토리로 다루면서 미국에서 루이스의 인기도 확고해졌다.

같은 해 《기적》이 출간되었다. 원래 기독교가 옳음을 논증하는 전통적인 방식은 기적과 예언의 성취를 제시하는 것이었다. 그런데 '자연이 존재하는 전부'라는 자연주의Naturalism의 입장을 받아들이면 기적이 '원천적으로' 설 자리가 없어진다. 그래서 루이스는 기적의 문제는 증거로 결정되기 이전에 자연주의와 초자연주의 중 어떤 입장을 받아들이는가에 따라 결론이 달라지는 철학적 문제라고 판단했다. 그래서 그는 자연주의에 대한 철학적 비판을 시도한다.

자연주의에 따르면, 모든 존재와 모든 사건은 이전의 물리적 원인의 결과이다. 따라서 정신적 상태(mental state: 극단적 유물론자는 이것의 존재 자체를 부정한다)도 두뇌의 물리적 프로세스로 결정된다. 하지만 그렇게 생겨난 어떤 물리적 결과를 어떻게 믿을 수 있겠는가? 합리적 추론이 모든 과학과 지식의 기초인데, 자연주의는 그것을 설명하지 못하기 때문이다. 아니, 아예 그것을 부정한다. 논리적 연관 관계, 전제와 귀결의 관계(물질적인 것이 아니며 특정 시공간을 차지하지 않기 때문에)는 물리적 프로세스의 부산물에 불과하다고 본다. 따라서 자연주의에 따르면 자연주의 자체도 의미 없는 소리가 되는 것이니 자연주의는 자기 반박적이다.

1950년 〈나니아 연대기〉의 첫째 이야기, 《사자와 마녀와 옷장》이 출간되었다. 1939년 9월 런던에서 독일군의 공습을 피해 그의 집 킬른스로 와서 지내던 네 아이들을 보며 떠올랐던 착상이 마침내 현실이 된 것이다. 이후 56년 《마지막 전투》에 이르기까지 매년 1권꼴로 총 7권의 〈나니아 연대기〉가 출간되었다. 루이스는 〈나니아 연대기〉가 상징이 아니라 '말하는 동물이 사는 나라에 예수 그리스도가 온다면 어떤 모습일까?' 하는 상상에서 출발했다고 말했다. 〈나니아 연대기〉의 주인공이자 나니아의 창조자인 아슬란은 '길들일 수 없는 사자'로서 두렵고도 착한 존재라는 신적 이중성을 탁월하게 그려냈다. 〈나니아 연대기〉는 어린이뿐만 아니라 어른들도 그 속에 담긴 루이스 사상의 깊이를 발견할 수 있는 걸작이다.

예기치 못한 조이, 그리고

1950년 1월, 루이스는 34세의 미국인 작가 헬렌 조이 데이비드먼 그레셤의 편지를 받았다. 두 사람이 직접 만난 것은 그로부터 2년 후의 일이다. 두 사람의 관계는 점점 발전해 마침내 56년, 혼인신고를 했다. 그런데 그녀가 암에 걸렸다는 사실을 알게 된다. 그녀가 입원한 병원에서 두 사람은 영국 성공회 의식에 따라 결혼식을 올린다. 9월에는 그녀의 건강이 호전되고 12월 10일에는 다시 걷게 되었다. 행복한 시절이 꿈처럼 흘러갔다.

그러다 1959년 10월, 조이의 암이 엑스레이에 다시 나타났다. 다음 해 7월 13일, 함께 그리스에서의 휴가를 마치고 돌아온 지 얼마 후, 조이는 45세를 일기로 그의 곁을 떠나갔다. 그 다음 해, 루이스는 아내를 떠나보낸 아픔이 기록된 《헤아려 본 슬픔》을 가명으로 출간했다(두 사람의 러브 스토리는 안소니 홉킨스와 데브러 윙거 주연의 〈섀도우랜드〉로 영화화 되었다. 혹시 안 보셨다면 꼭 한번 보시길).

조이는 루이스의 문학적 뮤즈이기도 했다. 루이스가 자신의 대표작으로 꼽은 《우리가 얼굴을 찾을 때까지》가 그녀의 도움으로 탄생했고, 《네 가지 사랑》은 그녀를 만남으로써 경험적 통찰을 얻었을 것이다. 《헤아려 본 슬픔》은 이후 사별의 고통을 겪는 많은 이들에게 위로가 되었다. 《고통의 문제》가 고통을 논리적으로 다룬 차가운 책이라면, 《헤아려 본 슬픔》은 실존적 고통을 다룬 뜨겁고 아픈 책이다.

1963년 6월 15일, 루이스는 심장 발작을 일으켰다. 그리고 65번째 생일을 보낸 지 1주 후, 11월 28일 사망했다. 다음 해, 죽기 전에 원고를 준비했던 《개인 기도》가 출간되었다. 그의 묘비에는 "사람은 죽음을 견뎌야 한다"라는 문구가 새겨졌다.

변증가의 기도

　루이스는 각종 변증 활동을 성실히 진행했고, 그 가운데 나온 많은 저작으로 국제적 명성도 얻었다. 회심 이후 그가 거둔 성공은 성공을 추구해 얻은 결과물이 아니었다. 할 일을 다 하다 보니, 자신이 좋아하는 일을 하다 보니 따라온 보너스였다.

　그러나 대가도 따랐다. 그의 여러 변증 활동은 옥스퍼드에 많은 적을 만들었다. 그것은 그가 29년 동안 옥스퍼드에 몸담고도 정교수professor가 되지 못한 한 가지 원인으로 작용했다. 결국 1954년이 되어서야 케임브리지에서 교수 초빙을 받고 자리를 옮기게 된다. 옥스퍼드의 동료들 중에는 그의 변증, 전도 활동을 탐탁지 않게 여기는 이가 많았다. 왜 그랬을까? 그들은 학문 활동을 통해 배운 지식을 포교의 수단으로 삼는 것을 '지적 매춘'으로 생각한 것이다. 이런 생각에는 기독교가 거짓된 것, 또는 사적 편견에 불과한 것이라는 전제가 이미 깔려 있음을 알 수 있다.

　루이스의 절친 오언 바필드Owen Barfield는 세 사람의 루이스가 있다고 했다. 첫째, 소설가이자 작가 루이스다. 그의 작품으로는 아동문학에 해당할 〈나니아 연대기〉, 우주 3부작이라 불리는 공상과학소설《침묵의 행성 밖에서》,《페렐란드라》,《그 가공할 힘》, 프시케 신화를 재해석한《우리가 얼굴을 찾을 때까지》가 있다.

둘째, 문학비평가, 문학사가 루이스다. 학자였던 루이스의 면모를 말하는 것이다. 그는 밀턴 연구에 중요한 기여를 한 《실낙원 서문》, 역작으로 평가받는 《16세기 영문학 *English Literature in the Sixteenth Century excluding Drama*》, 중세와 르네상스의 우주관과 세계관을 그린 《폐기된 이미지》, 독서에 대한 생각을 정리한 《오독》 등을 펴냈다.

셋째는 기독교 변증가 루이스다. 이 부분은 본문에서 많이 소개했다. 그런데 그의 책을 읽어 보면 전공 영역의 연구를 통해 쌓은 지식과 통찰이 소설과 변증서에 그대로 반영된 것을 알 수 있다. 자기 분야의 연구를 충실하게 감당하고, 그 누적된 연구 성과를 그대로 기독교를 번역하고 소개하는 데 사용한 것이다. 만약 기독교가 진리라면, 그의 변증 활동은 진리를 위해 자신이 가진 것을 귀하게 사용한 의미 있는 일일 것이다.

그러나 변증 활동이 필요하다고 생각하고, 학자로서 자신의 소명이라 생각한 루이스였지만 그것이 늘 기쁜 일만은 아니었다. 오히려 그는 변증이 자신의 신앙에 도움이 안 된다고 토로하기도 했다. 변증 활동이 우상이 되지 않기를 바라며 하나님께 나아간 것이다.

변증가의 저녁 기도

C. S. 루이스

저의 온갖 초라한 패배와 오, 무엇보다
제가 거뒀다고 생각하는 온갖 승리와
당신을 대신한답시고 키워낸 영리한 논리,
청중은 웃기고 천사들은 울린 그 논리와
당신의 신성을 뒷받침하는 저의 온갖 증명으로부터
저를 구원하소서. 표적을 주시지 않는 주여.

생각은 동전에 불과한 것. 제가 당신 대신
당신의 얼굴이 새겨진 그 닳고 닳은 이미지를 신뢰하지
않게 하소서.
오 아름다운 침묵이시여, 이곳에 임하여 주소서. 오셔서
당신에 대한 생각을 비롯한
제 모든 생각에서 저를 자유케 하소서.
좁은 문과 바늘귀의 주인이시여,
제 안에서 모든 천박한 이론들을 제하시어 제가 멸망하
지 않도록 도우소서.

2
모든 그리스도인에게는 번역이 필요하다

우리의 임무는 영원한 것(어제나 오늘이나 내일이나 동일한 것)을 우리 시대의 고유한 언어로 제시하는 일입니다. 엉터리 설교자는 정반대의 일을 합니다. 우리 시대의 사상을 기독교의 전통적 언어로 치장해서 내놓습니다. … 그의 생각의 핵심은 당대의 것에 불과한데 외관만 전통적인 것이지요. 그러나 우리는 영원한 핵심을 현대의 옷을 입혀 가르쳐야 합니다.

―《피고석의 하나님》 '기독교 변증론'

루이스는 기독교 변증가가 하는 일을 '영원한 진리를 오늘의 언어로 제시하는 것'이라 정의했다. 한마디로 말해서 번역이다. 그가 평생에 걸쳐 진행한 변증 활동은 기독교를 현대의 언어로 '번역'한 일이라 바꿔 말할 수 있겠다. 직업 탓이리라. 이 대목에서 나는 귀가 솔깃했다. 더구나 그의 조언은 책상머리에서 이루어진 사변적이거나 이론적인 주장이 아니다. 보다 나은 '번역'을 위해 포기하지 않고 이어간 수많은 강연과 글쓰기의 현장에서 다듬어지고 벼리어진 것이다. 그렇다면 더더욱 놓칠 수 없겠다. 부모나 자식이나 친구나 이웃이나 교사로서 기독교를 어떤 식으로건 번역해야 할 모든 그리스도인에게 루이스가 알려 주는 지침이 좋은 출발점이 되리라 믿는다.

알아들을 수 있는 말로

루이스는 현대의 불신자들에게 기독교 신앙을 전할 때 부딪히는 어려움에 대해 강연해 달라는 요청을 받는다. 그가 지적하는 첫 번째는 말이 통하지 않는 데서 오는 어려움이다. 그럼 어떻게 해야 할까? 그들이 알아들을 수 있는 말을 써야 한다. 어떻게 하면 그런 말을 쓸 수 있을까? 그의 대답은 단순하다. 선교사가 반투족에게 설교하려면 먼저 반투어를 배워야 하듯이, 영국인들에게 설교하고자 하는 사람은 대중이 사용하는 영어 어법을 배우는 수밖에 없다고 말한다. 그러면서 "우리의 문제는 종종 단순한 번역의 문제입니다"라고 못을 박는다.

그에 따르면, 현대의 상황에서 그리스도인들과 바깥 세상이 의사소통하기 위한 첫 번째 단계는 가장 원초적인 의미에서의 언어학적 작업이다. 즉, 번역이 필요하다. 그래서 그는 기독교 신앙을 전하고 설교할 목사를 뽑는 자격시험에 대해 다음과 같은 제안을 한다.

> 모든 목사 자격시험에 (단순한) 번역 문제가 의무적으로 포함되었으면 좋겠습니다. 어떤 신학 서적의 한 구절을 실어 놓고, '평이한 일상 영어로 번역하시오' 이런 식으로 말이지요. 꾸미거나 희석시키거나 '거북하지 않게' 만드는 것이 아니라 그냥 일상 영어로 바꿔야 합니다.
> ―《피고석의 하나님》'의사소통의 전제 조건'

'평이한 일상 언어로 번역하시오.' 이건 교회학교 교사로서 내가 늘 느끼는 어려움이다. 우리 아이에게 무언가를 설명하려 할 때 느끼는 어려움이기도 하다. 독자가, 청중이, 학생이 알아들을 수 있는 평이한 한국어로 번역하라. 루이스는 구체적인 사례를 제시해서 설명한다.

> 이 상황은 라틴어 산문을 공부할 때와 아주 비슷합니다. "키케로라면 그것을 어떻게 말했을까?"라고 묻는 대신 "내 사환이나 침실 사환이라면 그 말을 어떻게 했을까?"로 바꾸어 생각해야 합니다.
> ―《피고석의 하나님》'의사소통의 전제 조건'

루이스에 따르면, 그런 식으로 번역을 고민할 때 따라오는 유용한 부산물이 있다. 이제 그것이 무엇인지 살펴보자.

한 방에 꿰뚫리다

여러분은 지금 번역하려 하는 언어를 이제까지 얼마나 이해하고 있었는지 발견하게 될 것입니다. 많은 '번역'을 해본 저는 그랬습니다. 저는 그 과정에서 거듭 수모를 겪었고, 또 많은 도움을 받았습니다. 예를 들어, 대속Atonement이나 … 영감Inspiration에 대해 … 진실한 호기심이 있지만 겉으로는 상당히 불경해 보이는 학생에게 자신의 견해를 설명하려고 해보십시오. (식자들 사이에서는 결코 나오지 않을) 유치한 질문들을 받게 될 것입니다. 그러면 우리는 검술의 첫 번째 원칙조차 모르는 상대의 칼에 어이없이 꿰뚫린 능숙한 검객의 신세가 됩니다. 상대의 유치한 질문은 치명적인 한 방이 됩니다. 우리는 자신이 그렇게 오랫동안 주장했던 내용을 실제로는 이해하지 못하고 있었음을 알게 됩니다.

—《피고석의 하나님》 '의사소통의 전제 조건'

대학교 1학년 때쯤, 처음 교회 중등부 교사를 맡아 두 남학생을 가르치며 기억에 남았던 일이 있다. 로마서 6장

11절 "너희 자신을 죄에 대하여는 죽은 자요 그리스도 예수 안에서 하나님께 대하여는 살아 있는 자로 여길지어다"의 말씀을 설명하고 있었다. 한 아이가 죄에 대해 죽다니, 그게 무슨 말이냐고 물었다. 나는 그 한 방에 꿰뚫리고 말았다. 그 순간, 내가 이 말씀을 전혀 이해하지 못했다는 것이 아주 선명하게 다가오면서 얼굴이 화끈거렸던 기억이 지금도 생생하다.

지금이라면 어떻게 설명할 수 있을까? 우선 죽은 상태와 살아 있는 상태가 어떻게 다른지 물어볼 것이다. "시체와 살아 있는 사람의 차이가 무엇인가." 이렇게 바꿔 물어볼 수도 있겠다. 그리고 시체는 아무리 쿡쿡 찔러도 반응이 없는 반면, 살아 있는 자는 반응한다는 대답을 이끌어 낼 것이다. 원하는 답이 나오면 그때부터 여러 가지 사례들을 제시할 수 있겠다. 선생님의 이야기에는 시큰둥하게 있다가, 가산점이나 인센티브를 걸면 눈이 반짝반짝해지는 학생들은 선생님의 가르침 자체에는 죽어 있고, 점수에는 살아 있다고 말할 수 있다. 그냥 심부름을 시키면 거들떠보지도 않다가 심부름값을 준다고 하면 그제야 움직이는 아이는 돈에 살아 있는 게다. 이렇게 죽음과 생명의 차이를 반응의 여부로 번역하면, '우리가 죄에 반응하는 자인가, 하나님께 반응하는 자인가' 하는 질문이 가능해진다.

다시 루이스로 돌아가 보자. 번역의 노력 끝에 자신이

어떤 개념을 제대로 이해하지 못하고 있었음을 깨닫게 되면 어떻게 해야 할까?

> 그 견해를 포기하거나, 아니면 완전히 새로 시작해야 합니다. 참을성과 통상적인 노련함을 발휘하는 데도 분별 있는 상대(들을 마음이 있는)가 알아들을 수 있게 한 가지도 설명하지 못한다면, 우리는 그 내용을 전혀 이해하지 못한 것입니다. 여기서도 상황은 라틴어 작문의 경우와 아주 비슷합니다. 라틴어로 옮길 수 없는 문장은 대개 영어로 제대로 이해가 안 된 문장입니다.
>
> ―《피고석의 하나님》 '의사소통의 전제 조건'

번역이 안 되면 이해가 안 된 것이다

무슨 말인지 알겠는데 번역이 안 된다는 말을 가끔 듣는다. 물론 그럴 수 있다. 나도 그런 막막함을 수시로 겪는다. 시詩라든가, 영어 어휘를 활용한 말장난pun의 경우야 말할 나위가 없다.

하지만 인용한 대목에서 루이스는 딱 잘라 말하고 있다. 번역이 안 되면 이해가 안 된 것이라고. 고개가 끄덕여진다. 내 경험상 그런 경우가 적지 않았기 때문이다. 오히려 번역을 하고 나서야 '그게 이 말이었구나!' 할 때도 있다.

《생각을 넓혀주는 독서법》의 저자로 유명한 철학자

모티머 J. 아들러는 어떤 문장을 읽고 이해했는지 확인하는 간단한 검사법을 소개했다. 첫째, 그 말을 내 말로 옮길 수 있느냐? 둘째, 예를 하나 들 수 있느냐?

'하나님을 만난다.' 이런 말 들어 보셨는지. 나는 어릴 때부터 오랫동안 이 말을 듣고 자랐지만, 이 말을 들을 때마다 '내가 모르는 세계가 있구나, 나는 여기서 입문도 못했구나' 하는 생각을 했다. 그런데 오랫동안 그런 거북함에 시달리다 어느 순간부터 그 문제를 간단히 극복했다. 그 표현을 사용해 보기 시작한 것이다. 무슨 말인지 모르면서. 그리고 다른 사람들도 그렇게 새로운 표현을 하나 익혀 쓰고 있는 것이 아닐까 의심하게 되었다. 뭐 눈에는 뭐만 보인다고, 사기꾼의 의심에 빠져든 것이다.

이제는 그 표현을 쓰지 않지만 교회에서 가르치는 학생이 그 의미를 묻는다면 어떻게 대답할 수 있을까? '만남'이라는 것이 무엇인지부터 이야기해야 할 것이다. 인격체와의 교감이 이루어지는 의미 있는 만남의 경험을 이야기하면 좋을 것이다. 더 나아가 책을 통해 위대한 사상가와 만나는 경험을 이야기하는 것도 도움이 될 것이다. 《햄릿》이라는 작품을 통해 셰익스피어와 만나는 경험이 의미 있는 비유가 될 수 있겠다. 작가 셰익스피어는 《햄릿》에 등장하지 않지만, 보는 눈만 있으면 이야기 곳곳에서 셰익스피어 특유의 흔적을 느낄 수 있다. 그의 화신들을 볼 수 있을 테고, 무엇보다 그의 생각의 정수를, 그의 혼을 경험할 수 있다. 그런 의미에서 셰익스피어를 만날 수 있다.

거기서 더 나아가, 보이지 않고 들리지 않는 하나님이 자신을 드러내시는 방법들, 특히 말씀하시는 하나님에 대해 그리고 성경을 이야기해야 할 것이다. 하나님의 계명에 순종하는 가운데 만나는 어려움과 고민, 그 과정에서 경험하는 도움과 확신 등을 말할 수 있겠다. 그리고 하나님의 살아 계심을 온몸으로 보여 주는 신자의 삶을 통해 하나님을 만날 수 있다고 말하며 사례를 제시할 것이다.

유행어, 주술적인 단어, 친숙한 단어에 속지 말자

우리가 특별히 주의해야 할 것은 정확히 우리가 속한 집단의 유행어와 주술적인 단어들입니다. … 이것들은 가족 언어 또는 학교 은어와도 같습니다. 그리고 우리만의 언어는 외부인들을 어리둥절하게 만들 뿐 아니라 우리 자신을 속일 수도 있습니다. 마법적 단어들은 너무나 의미심장하고 너무나 많은 깨달음을 주는 듯 보입니다. 그러나 우리는 속을 수 있습니다. 때로 우리는 그 단어들로부터 명확한 개념을 얻는 게 아니라 '집에 왔구나, 같은 부류에 속해 있구나' 하는 푸근함을 느끼는 정도에 그치기도 합니다.

—《피고석의 하나님》'의사소통의 전제 조건'

늘 타는 차, 늘 가는 상점에서 자주 보는 사람은 눈에 익었지만 모르는 사람이다. 물론 어떤 계기로 인사를 나누고 아는 사이가 될 수도 있다. 하지만 조금의 노력이 없으면 '눈에 익은' 모르는 사람일 뿐이다. 그의 사람됨도 속내도 전혀 알 수 없고, 관계도 형성되지 않았다.

아동 유괴범들이 그렇다고 한다. 아이 앞에 한 번 나타나서 얼굴을 익히게 한 후, 10분쯤 후에 다시 나타난다. 그래서 엄마가 찾으니 따라오라고 꾀어내면, 아이들은 잠깐이지만 눈에 익은 얼굴이라 '아는 사람'으로 생각하고 그냥 따라간다는 것이다.

며칠 전, 회사와 구직자들이 중요하게 여기는 것이 다르다는 기사가 나왔다. 그런 기사가 나온 지가 어제오늘의 일은 아니지만, 새삼스레 아내와 흥미로운 대화가 이어졌다. 구직자들이 생각하는 '회사가 가장 중요하게 여기는 구직자의 자격 요건'은 외국어 실력을 비롯한 스펙이었다. 그럼 회사가 원하는 것은? 인성이란다.

그렇다면 회사가 말하는 인성이란 어떤 것일까. 주도성과 협동성을 겸비하여 회사의 이익을 위해 알아서 일하고, 금세 그만두지 않으며 동료들과 잘 지내는 사람이어야 한다는 것. 그런데 아니나 다를까. 기사 내용에 많은 이들이 분개하여 댓글을 달았다. 그중에 이런 취지의 글도 있었다. "그럼 그 회사에는 천사들만 있겠네." 이 댓글은 회사에서 말하는 인성과 구직자들이 떠올리는 인성이 다른 것임을 확연히 보여 주었다.

한마디로 말해, 회사에서 말하는 인성은 흔히 '인간성 좋다', '좋은 사람이다'는 의미가 아니라, 회사에서 부리기 좋고 문제를 일으키지 않으면서도 시키는 것 이상으로 몸이 부서져라 일하는 태도와 자세 전반을 아우르는 말이 아닐까.

기독교에서 말하는 사랑과 믿음도 그와 같은 오해를 받는 대표적인 단어들이다. 사랑이라고 하면, 으레 남녀 간의 사랑을 떠올리기 십상이다. 그리고 그것은 감기에 걸리듯 자기 의도와 상관없이 느끼게 되는 감정이라고 오해한다. 그러나 그렇다면 성경에서 말하는 '네 이웃을 사랑하라'는 명령이 터무니없는 요구가 된다. 감정을 어떻게 명령한단 말인가. 사랑은 감정이 아니라 이웃의 유익을 추구하는 의지와 행동이라는 사실을 깨달았을 때, 눈이 확 떠지는 듯했던 기분이 지금도 생생하다.

해비타트에서 일할 당시, 사무실에 가끔 사기꾼들이 왔다. 그런데 그들을 몇 번 겪고 보니, 그런 사람들일수록 시종일관 하나님, 믿음, 기도와 같은 말을 쉬지 않고 쏟아 내는 것이었다. 그래서 언젠가부터는 그런 신앙적 용어를 첫 대면부터 줄기차게 구사하는 사람은 오히려 경계하게 되었다. 신앙 서적 번역을 업으로 삼고 살고 있는 나, 남 이야기할 때가 아니다.

거북한 부분에 주목하자

루이스는 기독교 변증가들이 해야 할 일이 "기독교 자체, 즉 사도들이 선포하고 순교자들이 증언하고 신경들로 구현되고 교부들이 해설한 기독교 신앙을 변호하는 것"이라고 말한다. 따라서 개인적 의견을 말할 때는 그것과 신앙 자체는 다르다고 분명히 밝혀야 한다고 당부한다. 그렇게 할 때 변증가 본인에게도 유익하다는 것이 루이스의 설명이다.

> 그런 노력을 하다 보면 기독교에서 모호하게 느껴졌던 대목, 거부감이 드는 요소들을 직시하게 됩니다. 마음에 들지 않는 부분을 건너뛰거나 대충 보거나 무시하고 싶은 유혹에 넘어가지 않게 됩니다. 그런 유혹에 굴복하는 사람은 기독교 지식을 쌓는 데 있어 결코 진보할 수 없습니다. … 세상 일이 다 그렇듯, 우리가 알지 못하는 진리, 우리에게 가장 필요한 새로운 진리는 바로 가장 내키지 않고 가장 이해가 안 되는 교리들 안에 정확히 숨어 있습니다. … 어렵고 거부감이 드는 교리들의 도전을 받아들여야만 기독교 지식의 진보가 있을 것입니다. … 다루기 힘든 재료를 정직하게 대할 때에만 진보가 이루어집니다.
>
> —《피고석의 하나님》'기독교 변증론'

예를 들어 네 권의 복음서 기록들에 있는 차이점을 생각해 보자. 이런 차이점을 부각시켜 기독교의 핵심 내용을 담은 복음서의 신뢰성을 의심할 수도 있을 것이다. 그러나 잘 생각해 보면 이것을 모순이나 충돌로 말하기는 곤란함을 알 수 있다. 사복음서는 핵심적 사실에 대해서는 일치하고 세부 사항에서만 약간의 차이를 보여 주기 때문이다. 오히려 복음서의 역사적 신뢰성을 보여 주는 증거라는 데 방점을 찍어야 할 것이다. 만약 세부 사항까지 모두 똑같다면 오히려 입을 맞췄다는 뜻일 뿐으로 봐야 할 것이다.

루이스는 《세상의 마지막 밤》에서 성경의 반대자들이 기독교의 문제점을 보여 주는 증거로 내세우는 대목에 주목하여, 그런 부분이 오히려 성경 증언의 신실성을 입증하는 확고한 증거라고 주장한다. 가장 어렵고 거부감이 드는 부분일수록 정말 중요한 것이 들어 있는 법이라고 본인이 주장한 것의 의미를 생생하게 보여 주는 사례가 되겠다.

그가 말하는 부분은 마가복음 13장 30절 "이 세대가 지나가기 전에 이 일이 다 일어나리라"라는 말씀이다. 이 말씀을 근거로 세상의 종말에 대해 모르기는 예수님도 마찬가지였다고 생각할 수 있겠다. 더구나 바로 이어서 예수님은 이렇게 고백한다. "그러나 그 날과 그 때는 아무도 모르나니 하늘에 있는 천사들도, 아들도 모르고 아버지만 아시느니라"(32절). 한 가지 오류가 등장하고 신의 아들이라는 분이 자신의 무지를 고백하고 있다. 버트런드 러셀의 경우 실제로 이 대목을 근거로 기독교의 허구성을 주장했다. 그러나 루이스의 생각은 다르다.

> 보고자가 완전히 정직하지 않았다면 무지를 고백하는 예수님의 말을 기록하지 않았을 것입니다. 온전한 진실을 말하겠다는 마음 외에는 다른 동기가 있을 수 없습니다. 그리고 이후의 필사자들 역시 똑같이 정직하지 않았다면, 시간이 흘러 (외견상) 오류가 드러난 상황에서 '이 세대'에 대한 (외견상) 잘못된 예언을 그대로 남겨 두지는 않았을 것입니다. 이 구절(막 13:30 - 32)과 "어찌하여 나를 버리셨나이까?"(막 15:34)라는 부르짖음을 나란히 놓으면 신약성경이 역사적으로 신뢰할 만함을 보여 주는 가장 강력한 증거가 구성됩니다. 복음서 기록자들은 정직한 증인의 가장 중요한 특성을 가지고 있습니다. 첫눈에 볼 때 자신들의 핵심 주장을 훼손하는 듯 보이는 사실들을 언급한다는 점입니다.
>
> —《세상의 마지막 밤》 '세상의 마지막 밤'

번역의 핵심

번역의 핵심이 무엇일까? 여러 가지를 말할 수 있겠지만, 무엇보다 저자의 마음이 전해지는 것이라 할 수 있다. 껍

데기는 그대로 옮겼는데, 저자가 전하고 싶었던 본심이 전달되지 않는다면 헛수고가 아니겠는가.

마찬가지로, 기독교를 변증하고 번역하는 데 있어 핵심은 하나님의 진심을 전하는 것이다. 제대로 된 변증과 번역을 위해 기독교 언어에 익숙해지고, 성경에 박식해지는 것은 기본 중에도 기본이다. 하지만 그런 소양을 갖추고도 그 사람의 말과 행동에서 하나님의 진심을 보고 느낄 수 없다면 헛일일 것이다. 오히려 그런 지식이 메신저인 그와 그가 전하는 메시지 모두를 망치게 될 것이다.

그런데 루이스가 논리와 상상력을 발휘해 갖가지 형태로 내놓은 '번역'물을 읽어 나가면 하나님의 진심이 느껴진다. 그분의 때로는 엄한 말씀 가운데 숨겨진 사랑이 전해진다. 고통 가운데 숨겨진 그분의 눈물이 보인다. 그것이 그가 사람들의 마음을 움직이고 사로잡는 비결이 아닐까.

스스로에게 묻는다. 나의 번역물은 저자의 의도와 마음이 전해지는 글인가. 나는 한 아이의 아버지로서 하나님 아버지의 모습을 부족하게나마 보여 주고 있는가. 교회학교 교사로서 나는 학생들에게 통하는 말을 하고 있는가? 상투적인 문구를 나열하고 있지 않은가? 한 사람의 그리스도인으로서 나는 삶으로 어떤 번역을 하고 있는가?

3
루이스의 글이
내 생각과 다를 때

　집 앞에 상자가 하나 배달된다. 상자 안에는 단추를 누를 수 있는 장치가 들어 있다. 그리고 집안일을 하고 있던 아내에게 '집사'라는 사람이 찾아와, 실험에 참여하라고 권한다.

　"단추를 누르시면 당신은 5만 달러를 받게 되고 당신이 알지 못하는 누군가가 죽을 겁니다. 이 실험에 참여하시겠습니까?"

　남편은 말도 안 되고, 윤리적으로도 받아들일 수 없다고 주장하지만, 부인의 생각은 다르다.

　"내가 모르는 사람이잖아. 정말 죽어 마땅한 나쁜 놈일 수도 있고. 이건 나만을 위한 게 아니야. 드디어 오랫동안 꿈꿔 온 유럽 여행도 갈 수 있고, 아이도 가질 수 있을 거야. 우리 부부 모두를 위한 거라고."

며칠을 고민하고 망설인 끝에 아내는 남편이 집을 나간 사이 단추를 누른다. 아무 일도 없어 한편으로는 안도하고 한편으로는 맥이 빠지는 순간, 전화벨이 울린다. 병원에서 온 전화. 남편이 지하철 플랫폼에서 추락해 지하철에 치어 죽었다는 소식을 듣게 된다. 이 어찌된 일인가. 부들부들 떨고 있던 그녀에게 불쑥 떠오른 기억. 남편의 생명보험 5만 달러. 그리고 그녀에게 걸려 온 또 한 통의 전화. 집사였다. 그녀가 해명을 요구한다.

"내가 모르는 사람이라고 했잖아요."
"부인, 남편을 정말 안다고 생각하셨습니까?"

《나는 전설이다》로 유명한 미국의 소설가 리처드 매드슨의 단편소설 〈버튼, 버튼〉의 줄거리다. 누군가를 안다는 게 무엇인가를 가슴 서늘하게 돌아보게 해준다. 아내가 남편을 아는가, 과연 아는가, 물어보면 대답하기 쉽지 않다. 도대체 자신 있게 안다고 말할 수 있는 대상이 무엇일까? 이런 생각까지 든다. 이번 장에서는 누군가를 안다는 것에 대해 이야기를 해볼까 한다.

관계의 3단계

구약의 역사는 하나님이 끊임없이 자신을 계시하시고, 인간이 그 계시를 제멋대로 오해해서 만들어 낸 우상을 끊임없이 파괴하시고 또다시 자신을 드러내시는 역사로 볼 수 있을 것 같다. 그리고 그때마다 이스라엘은 그 계시에 충격을 받았다. 때로는 저항했고 때로는 자신의 생각과 달랐던 하나님을 외면했다.

예수님이 세상에서 하신 일도 자신이 누구인지 알리는 것과 동시에 자신이 어떤 존재가 아닌지 알리시는 것이 큰 자리를 차지했다. 사람들은 그분이 기적을 일으키시고 떡과 물고기로 몇천 명을 먹이시니까, 금세 자기들의 욕구를 채워 줄 존재로 여기고 왕으로 삼으려 했다. 그래서 예수님은 자신을 부득부득 쫓아온 그들을 오히려 밀어내신다. 그런 자기 계시와 우상파괴의 절정은 영광과 권력의 구원자를 기대했던 제자들에게 고난받고 죽어야 하는 메시아로서 자신을 드러내신 것이었다.

하나님을 닮은 인간을 알아가는 일도 끊임없는 우상파괴 행위다. 연애만큼 그것을 잘 보여 주는 경험도 없다. 처음에는 나의 무언가(외로움, 환상, 욕심)를 건드리고 채워 주는 상대에게 호감을 갖고, 그 모습이 바로 '그/그녀'라고 생각한다. 끌리는 상대에 대해 제멋대로 상상한다. 상대에 대한 감정은 분명히 실체가 있는 것이지만, 정작 상대를 잘 알지는 못하고 그에 대해서는 일종의 환상이 있다. 그래서 상대가 뭐라고 의사표시를 해도 잘 알아듣지 못한다. 다른 부분도 매력으로만 보일 뿐, 관계에 걸림이 되는 차이라고 느껴지지 않는다. 안 보이는 것이다.

커플마다 사정이 다르겠지만, 결국 언젠가는 서로의 다른 부분이 보이는 때가 온다. 그것이 거슬리기 시작할 때가 온다. 그러면 싸움이 시작된다. 이전에 매력으로 보이던 것들이 오히려 결정적인 장애물로 다가온다. 여기서 관계는 기로에 선다.

그러다 다른 부분을 알고 다른 부분을 인정하되, 그것을 거울로 삼아 나의 입장을 돌아보게 된다. 바꾸는 부분도 생기고, 바꾸지 않더라도 내가 가진 입장에 따라올 수 있는 위험과 함정을 경계하는 파수꾼으로 삼게 된다. 그래서 나와 같은 부분뿐 아니라 다른 부분까지 똑바로 쳐다보면서도, 상대를 인정할 줄 알게 된다. 그 과정 가운데 넓어지고 깊어진다. 한마디로 인간이 되어 가는 것이다.

루이스는 루이스다

대학 시절 다산 정약용의 책을 강독하는 수업을 들었다. 그때 담당 교수님 말씀 중에 기억나는 부분이 천주교와 유교 모두 정약용 선생을 자기편으로 끌어들이고 싶어 한다는 말이었다. 천주교에서는 정약용 선생이 '천주교의 핵심 교리를 받아들였던 사람이다', '말년에는 돌이켰을 거다'라는 식의 주장을 한다고 했다. 그에 반해 유교에서는 '왕년에 성탄절에 교회 한번 안 나가 본 사람이 어디 있냐. 그런 걸 가지고 뭘 그러느냐'는 식으로 대답한다는 것이다. 충분히 이해할 만하다. 개신교에서야 딱히 끌어들일 연결 고리가 없어서 그렇지, 조금이라도 그럴 소지가 있었다면 우리 편 만들고 싶은 생각이 들 것이다. 너무 매력적인 인물이라 놓치기 아까운 것이다.

루이스를 알게 되면 이와 비슷한 느낌을 받는다. 너무 매력적이다 보니 자기편으로 끌어들이고 싶어지는 것이다. 그가 모든 면에서 나와 생각이 일치하기라도 하는 것처럼, 내 생각에 온전히 도장 찍어 주는 인물로 삼으려 든다. 그런데 그럴 리가 없지 않은가. 그러다 보니 꼭 의도적인 것은 아니라 해도, 내 생각과 다른 부분은 외면하고 흘려 읽고, 내 생각과 일치하는 부분에만 주목하고 감탄하며 고개를 끄덕이는 형국이 되었다는 걸 나는 나중에야 깨닫게 되었다.

그것이 그나마 가능했던 것은 무엇보다 그의 대표작이 《순전한 기독교》였기 때문이다. 그 책은 루이스가 '거의 모든 시대 모든 그리스도인이 믿어 온 바를 설명하고자', 다시 말해 순전한 기독교를 설명하고자 쓴 책이기 때문이다. 기독교 교파들 간의 차이점이 아무리 크다 해도, 기독교 교파들 서로 간의 공통점에 비하면 아무것도 아님을 보여 주는 것이 그 책의 목적이었으니. 어떤 면에서 내가 동의할 수 있는 내용만 보이는 것도 당연한 일이었다.

그런데 나뿐만이 아니었다. 조지 M. 마즈던의 책 《C. S. 루이스의 순전한 기독교 전기》에서 개신교 복음주의부터 로마 가톨릭, 동방정교회까지 기독교의 온갖 교파에서 다수의 루이스 팬들을 찾아볼 수 있음을 알게 되었다. 그들은 루이스가 자신들 교파의 지지자라고 느꼈고, 루이스를 통해 그 교파에 이르게 된 경우도 있었다. 그들은 루이스의 논리와 예증들을 자신들의 입장을 뒷받침하는 근거로 삼는다.

그런데 그런 반응은 신학적 교리적 차원에서 그치지 않는다. 루이스의 책을 자기 계발서로 쓰는 것도 보았다. 〈세상을 바꾸는 시간 15분〉에서 어느 강사는 《스크루테이프의 편지》를 그렇게 활용하고 있었다. 그는 "아무리 생각을 많이 한들 행동으로 옮기지 않는 한 전혀 문제 될 게 없어. 그 하찮은 짐승이 자기 머릿속에서만 뒹굴게 하거라"라는 스크루테이프의 말을 인용하면서 실천의 중요성에 대해 강조했다. 나는 루이스의 책이 그렇게 자기 계발서로 쓰이는 것이 굉장히 이상했다. 물론 그의 책에는 일반적으로 볼 때도 지혜가 담긴 명언들이 많이 들어 있다. 그러나 회개를 얘기하는 대목에서 나오는 그 말을 원래의 맥락에서 뚝 떼어 행동의 중요성을 말하는 용도로 삼는 것에서 본말이 전도된 느낌을 받았다.

루이스는 루이스가 아니다

그런데 루이스의 책을 번역하게 되면서 나와 다른 부

분을 적당히 흘려 읽고 외면할 수가 없어졌다. 특히 성공회 신자로서 루이스의 입장을 꽤 강하게 내비치는《개인 기도》를 번역하며 그 점을 직시할 수밖에 없었다. 번역가는 읽고 싶은 부분만 골라 보거나 주목하고 싶은 부분만 번역할 수 없는 법. 그 책에서는 내가 받아들이기 어려운 입장들을 노골적으로 옹호하는 부분들이 여럿 눈에 보였다. 연옥에 대한 생각이 대표적이고, 죽은 성인들과 함께하는 기도를 말하는 대목도 그랬다. 십자고상을 사용한 기도를 말하는 부분도 내가 교회에서 배운 내용과는 결을 달리하고 있었다. 이렇게 다른 부분을 확인한 후에《순전한 기독교》를 다시 보니, 그 안에서도 내 생각과 다른 부분들이 그가 스치듯 언급한 지점에서 하나둘씩 눈에 들어왔다.

그중에서 연옥 이야기만 해보겠다. C. S. 루이스는 연옥에 대해 긍정적으로 생각했다. 그가 생각한 연옥은 죄인들이 벌을 받는 곳이 아니라 믿는 자가 정화되는 곳이었다. 그의 말을 들어 보라.

> 우리 영혼은 연옥을 필요로 하네, 그렇지 않은가? 하나님이 이렇게 말씀하신다면 우리 영혼이 어찌 상심하지 않겠는가? "아들아, 네 입에서는 악취가 나고 네 누더기에서는 진흙과 찌꺼기가 뚝뚝 떨어지지만 여기 있는 우리는 관대하여 그런 것들로 너를 나무라거나 멀리하지 않는다. 기쁨

속으로 들어오너라." 그러면 우리는 이렇게 대답하지 않겠는가? "주님, 공손히 아뢰오니, 괜찮으시다면 저는 오히려 먼저 깨끗함을 받고 싶습니다." "그 과정은 너도 알다시피 아플 것이다." "그래도 허락해 주십시오, 주님."

―《개인 기도》

연옥이라니. 내가 배워서 아는 바와 달랐지만 한편으로 공감이 된다고 생각했었다. 형벌의 장소로서가 아니라 정화의 장소로서의 연옥은 그럴 듯하게 다가왔다. 그렇지, 죽는다고 뭐가 갑자기 달라질까. 시간이 더 필요할 수도 있지 않을까. 하나님도 깨끗해져서 오겠다는 사람에게 정화의 시간을 왜 안 주시겠나 하는 막연한 느낌이 있었다. 거룩하신 하나님 앞에서 부족한 모습으로 도무지 설 수 없기에, 조금만 더 시간을 주십사 하는 마음은 오히려 갸륵하지 않은가 말이다.

그런데 이번에 마이클 리브스와 팀 체스터의 저서인 《종교개혁 핵심질문》을 읽고, 이 책이 연옥에 대해 다루는 부분에서 문제의 본질을 깨닫게 되었다. 그것은 거룩해지고 깨끗해질 수 있는 근원이 어디에 있는가 하는 문제였다. 너무 누추하고 너무 더럽고 부족해서 지금 당장 하나님께 나아갈 수 없다는 마음은 지금 우리에게도 있다. 우리가 평소에도 늘 하는 생각 아닌가. 벼룩도 낯짝이 있지. 지금 이대로는 곤란하고 좀 달라져서, 변화된 모습으로 하나님께 나아가리라 하는 마음 말이다. 그런 변명으로 신앙을 한사코 멀리하는 이들도 있지 않던가.

그런데 연옥을 대하는 루이스의 태도에서 그런 기미가 느껴진다. 너무 더러워서 부족해서 이대로 나아갈 수 없다. 좀 더 깨끗해져서 나아가야지. 루이스는 《개인 기도》에서 정화의 장소로서 연옥을 되찾아 준 글이라며 존 헨리 뉴먼의 〈제론티우스의 꿈〉을 소개한다. 이 시에 등장하는 영혼은 너무나 밝은 하나님의 임재의 빛을 감당하지 못해 자신을 연옥에 보내 달라고 간청한다. 하나님 곁을 떠나 홀로 거룩해질 수 있는 것처럼.

그런 영혼에게 우리는 이렇게 물어볼 수밖에 없다. 어떻게? 어디서? 무슨 힘으로? 얼마나 있어야? 그것도 그 모든 변화의 유일한 근원을 떠나서? 하나님을 떠나서 거룩해지고 깨끗해질 수 있는 곳이 어디란 말인가? 하나님 곁이 아니면 없다. 우리는 "주의 영광을 보매 그와 같은 형상으로 변화하여 영광에서 영광에 이"른다(고후 3:18). 그런데 이렇게 상황을 깨닫고 보니, 연옥에 대한 루이스의 입장을 교정할 단초도 루이스 안에 있다는 생각이 들었다. 그는 하나님이 하나님 자신을 주신다고, 하나님을 거부하면 아무것도 받을 수 없다고, 우리를 배부르게 해줄 유일한 음식을 거부하면 영원히 굶주릴 수밖에 없다고 하지 않았던가.

루이스는 루이스다

나와 다른 루이스를 어떻게 할 것인가. 이 질문에 대한 나의 대답은 교과서적이다. 전부 아니면 전무의 태도는 곤란하다는 것이다. 루이스를 대하는 유일한 태도가 마치 예수님을 대하듯 추종할 것인가와 버릴 것인가의 양자택일이 되어서는 안 되겠다.

범사에 헤아려 좋은 것을 취하라는 바울 사도의 말씀을 기억해야겠다. 루이스는 스스로 거듭거듭 말하다시피, 독자적인 사상을 퍼뜨린 사람이 아니라 자신이 발견한 진리를 알아듣기 쉽게 전달하는 데 힘쓴 사람이다. 앞 장에서 살펴본 것처럼 그는 번역가임을 자임했다. 그러니까 번역이 잘 된 부분은 감탄하며 받고, 잘 안 된 부분은 어디서 어긋났는지 살피면 되겠다. 오역을 너무 겁내거나 오역에 너무 거부감을 느낄 필요는 없다. 정말 무서운 번역은 원문을 보면 딱히 어디가 잘못되었다고 말할 수 없는, 하지만 원문을 보기 전에는 무슨 말인지 알기 어려운 번역이다. (저를 이런 번역에서 벗어나게 하소서!) 루이스는 알아들을 수 있게 번역을 하니 속지 않을까 겁낼 필요는 없다.

루이스의 글에서 내 생각과 다른 부분을 접할 때 눈살만 찌푸릴 일은 아니다. 기본적으로 신뢰할 수 있는 검증된 작가라고 할 경우, 그의 글에서 내 생각과 다른 부분을 보기 때문에 얻을 수 있는 장점이 있다. 내가 동의할 수 없는 부분들에 대해 합리적인 설명을 제공하여 객관적으로 바라볼 수 있는 기회를 준다는 것이다. 반드시 동의할 필요는 없지만, 왜 그렇게 생각하게 되는가, 어떤 사정과 문제의식과 논리가 그 안에 담겨 있는가를 파악하는 것은 필요한 일이다. 루이스는 그런 기회를 제공해 준다. 그렇지 않고 우리가 믿는 바와 다른 내용이 나오면 다짜고짜 희화화시키거나 과도하게 단순화시켜 넘겨 버리거나, 악의적으로 동기를 의심하거나, 정치경제적인 이유로 설명해 버려서만은 곤란하다.

루이스는 장로교인도 아니고, 복음주의자도 아니며, 개혁주의 신학 전통에 서 있는 사람도 아니다. 루이스의 입장이라고 무조건 따라 할 필요도 없고, 그렇다고 이단시해 버려도 안 되겠다. 헤아려 좋은 것을 취하자. 다만, 뭔가를 헤아려 취하기 위해서는 자신의 선 자리가 분명해야 한다. 이것은 《순전한 기독교》에서 루이스가 적극 권한 바이기도 하다.

그는 '순전한 기독교'가 집으로 치면 현관 마루와 같다고 했다. 그것이 기존 교파를 대신할 수 있다고 생각하지 않았다. 거기서 영원히 눌러앉아서는 안 되고, 방으로 들어가야 한다고 했다. 그러면서 어떤 문이 참된 문인지 물어야 한다고 했다. 그리고 이렇게 물어보라고 권했다. "이 교리들은 참된가? 여기에 거룩이 있는가? 나의 양심이 이쪽으로 나를 움직이고 있는가? 이 문을 두드리길 꺼리는 것은 나의 교만이나 단순한 취향 때문이거나 특정 문지기를 개인적으로 싫어하기 때문은 아닌가?" 그리고 현관 마루에 있는 사람, 다른 방을 택한 사람들을 친절하게 대해 주라고 한다. 루이스를 생각할 때도 기억해야 할 조건이지 싶다.

4
루이스의
스승들

I

영화 〈반지의 제왕〉을 볼 때마다 뭉클해지는 장면이 있다. 영화의 막바지, 주인공 프로도와 충실한 동행 샘은 숱한 고생을 뚫고 마침내 절대 반지를 파괴할 수 있는 모르도르의 화산 기슭에 이른다. 그러나 바로 코앞까지 이른 절대 반지의 기운을 느낀 암흑 제왕 사우론의 눈을 피할 길이 없다. 프로도는 꼼짝도 할 수 없고, 이대로 가면 곧 발각될 절체절명의 위기 상황이다. 모든 희망이 사라진 것 같다. 그때 아라곤을 위시한 그의 친구들은 프로도에게 마지막 기회를 줄 요량으로, 사우론의 시선을 끌고자 열세의 병력으로 승산 없는 싸움을 건다.

아라곤의 계획대로 사우론의 눈이 아라곤이 이끄는 군대에게로 쏠렸고, 비로소 한숨 돌리게 된 프로도와 샘은 힘겹게 산을 오르기 시작한다. 그 순간 자신을 위해 친구들이 목숨을 걸고 싸우고 있음을 프로도는 꿈에도 모른다. 그는 다만 파괴되지 않으려고 발버둥 치는 절대 반지의 영향력과 싸우며 지칠 대로 지친 몸으로 험한 산을 오르며 헐떡일 뿐이다. 결국 프로도가 쓰러져 꼼짝도 못하게 되자, 샘이 아예 프로도를 들쳐 업고 산을 오른다. 그렇게 해서 마침내 프로도는 반지를 파괴할 수 있는 장소에 도달한다. 그러나 마지막 순간 그는 절대 반지를 소유하고 싶은 욕망에 굴복하여 운명의 틈으로 반지를 던지지 못하고 손가락에 그것을 끼고 만다.

그것은 그 반지를 파괴하기 위해 그간 겪어 낸 온갖 시련과 고초를 무의미하게 하는 일이요, 바로 그 순간에도 그에게 기회를 주기 위해 목숨을 걸고 싸우고 있는 친구들에 대한 지독한 배신이다.

II

미성숙한 사람의 특징이 여러 가지가 있겠지만 '잘못된 것은 남 탓, 잘한 것은 내 공로'라는 자세를 빼놓을 수 없을 것 같다. 뭔가 일이 잘 안 풀리고 문제가 생기면 영락없이 남 탓을 하는 반면, 조금이라도 잘한 부분, 잘된 일에 대해서는 어김없이 자신의 노력이나 역량으로 돌리는 태도 말이다. 미성숙한 사람은 남에게 배운 것, 남의 영향을 인정하는 데 인색하다. 그렇게 생각하니, 나 역시도 미성숙하게 살아왔구나 하는 생각이 든다.

나는 박학다식을 지향하고 산다. 여기서 박학은 넓을 박(博)의 박학(博學)이 아니라 얇을 박(薄)의 박학(薄學)이다. 딱 번역할 만큼만 알자는 거다. 그래서인가. 루이스의 저서 및 관련서를 여러 권 번역한 후, 웬만큼 루이스를 알게 되었다고 자부하고 그로부터 벗어날 때가 되지 않았나 생각하기도 했다. 그런데 그런 생각도 잠시, 여기저기 둘러볼수록, 가끔씩 그의 글을 들춰 볼수록 루이스는 캐낼 게 쏟아지는 금광과 같은 존재였다. 제아무리 독창적인 사상가라도 나름대로 기댈 구석이 있기 마련인데, 나 같은 얼치기야 말할 나위도 없을 것. 작정하고 루이스에게 기대기로 마음먹었다!

내가 지난 몇 년간 꾸역꾸역 루이스 책을 번역한 것은, 그의 책을 상당한 시간에 걸쳐 곱씹어 가며 내 것으로 삼을 기회를 놓치고 싶지 않아서였던 듯하다. 그렇다고 해서 내가 루이스의 입장에 완전히 동의하는 것은 아니다. 그래서 그를 멀리해야 하는 것 아닌가 생각한 적도 있지만, 그런 입장의 차이는 오히려 내가 그에게 함몰되지 않도록 적당히 거리를 유지해 주는 이점이 아닐까. 게다가 그와 다른 내 입장에 대해 명확한 근거를 갖고 있어야 하고, 근거를 댈 수 있어야 한다는 부담까지 있으니 일석이조겠다. 어느 정도의 긴장은 오히려 관계를 더욱 생기 있게 만들어 주는 법.

루이스의 스승들

이번 장에서는 루이스의 스승 이야기를 해볼까 한다. 하늘에서 뚝 떨어진 천재 없고 족보 없는 사상이 없으며, 특히 그리스 로마의 고전에 능통하고 중세와 르네상스 영문학을 전공으로 한 루이스라면 그의 사상적 계보를 따져 보는 일은 흥미로운 작업일 것이다. 하지만 그렇게 거창한 작업을 진행할 생각은 (능력은 물론이고!) 전혀 없다. 다만 루이스가 그의 글에서 영향을 받았음을 인정한 사람들 중 당장 떠오르는 몇 사람만 살펴볼 생각이다.

논리의 스승, 위대한 노크 선생님

루이스가 만족스럽지 못한 학교생활을 중단하고 대학 입시를 위해 찾아간 사람은 그가 지성의 스승으로 인정하는 커크 선생님(커크 패트릭)이다. 루이스는 그를 '위대한 노크 선생님'이라는 애정 어린 별명으로 부른다. 그는 논리의 화신과도 같은 사람이었다. '진실을 발견하거나 전달하는 것 외에 다른 목적을 위해 인간의 성대를 사용한다는 것은 있을 수 없다'고 여기는 사람이었다. 그를 통해 학생 루이스는 무슨 말을 하든지 명확한 근거(이것을 읽었는지, 저것을 공부했는지, 통계상 증거가 있는지, 경험상 증거가 있는지)를 갖고 말하는 훈련을 받았다. 루이스는 커크 선생님에 대해 마음의 빚이 워낙 컸기에 존경의 마음을 금할 수 없다고 밝히고 있다.

커크 선생님은 나중에 루이스가 가장 아끼는 작품으로 꼽는 《우리가 얼굴을 찾을 때까지》에서 주인공 오루알의 가정교사인 여우 선생의 모델이 되는 인물이다. 커크 선생님은 무신론자였는데, 그리스인 노예로 나오는 여우 선생은 종교의 세계를 거짓말로 여기고 모든 신비한 현상을 자연적이고 합리적으로 설명해 버린다. 나중에 신들을 고발하는 자로 선 오루알의 안내자로 등장하는 여우 선생이 오루알에게 용서를 구한다는 것이 내게는 흥미롭게 다가왔다. "내가 말한 것 중에 한 가지는 참이란다. 시인들은 종종 틀린 말을 하지. 하지만 나머지 말들은, 아, 날 용서해 주겠니?"

영적 스승, 조지 맥도널드

루이스가 주저 없이 영적 스승으로 꼽는 사람이 있다. 스코틀랜드의 목사이며 소설가이자 동화 작가인 조지 맥도널드(George Macdonald, 1824~1905)다. 루이스는 맥도널드의 〈판타스테스〉를 읽고 상상력이 회심했다고 회고하고 있으며, 그가 평생에 걸쳐 썼던 많은 편지에서도 맥도널드의 글을 열심히 소개했다. 더 나아가, 맥도널드의 사상을 널리 알리고자 《조지 맥도널드 선집》도 편집했다.

나는 루이스가 편집한 《조지 맥도널드 선집》을 번역하며 루이스가 맥도널드에게 진 빚이니, 영적 스승이니 하는 말이 빈말이 아님을 실감할 수 있었다. 루이스의 글을 보며 감탄했던 통찰력 있는 글들이 모양만 조금 바꿔서 조지 맥도널드 선집 곳곳에 박혀 있었다. 맥도널드의 글을 하나만 보자. 예수님이 광야에서 돌로 떡을 만들라는 마귀의 유혹을 거부하신 일과 오병이어의 기적이 갖는 의미를 밝힌 대목이다.

> 아버지께서 저것은 돌이라고 말씀하셨습니다. 아들은 그 돌에게 떡이 되라고 말씀하지 않으셨습니다. … 아버지와 아들의 마음은 하나입니다. 주님은 배고프시고, 굶주리셨지만, 아버지께서 만드신 물질을 다른 것으로 바꾸지 않으셨습니다. 군중을 먹이신 기적 안에서도 그런 식의 변화는 일어나지 않았습니다. … 떡은 여전히 떡이었습니다. … 이 기적들에는 출현 기간의 단축이 있을 뿐이었습니다. … 일반적인 경우에 천년이 걸릴 일을 하루 만에 하시는 것입니다. … 천년 걸릴 일을 하루 만에 이루신다고 해서 그 안에 원래부터 담겨 있는 기적적인 특성이 조금이라도 늘어나는 것은 아닙니다. 오히려, 나는 곡식을 자라게 하는 기적이 수천 명을 먹이는 기적보다 더 위대하다고 생각합니다. 알아주는 이 없고 수없이 많은 멋진 기적들을 통해 이루어지는 창조의 힘보다는 단박에, 즉시 나타나는 창조의 힘이 더 이해하기 쉽습니다.

이 대목을 번역하면서 그 얼마 전에 번역했던 루이스의 《피고석의 하나님》에 실린 글 '기적'의 한 부분이 떠올랐다. 예수님의 기적이 어떤 의미가 있는지, 그것이 하나님의 창조 세계에서 일상적으로 이루어지는 일들과 어떤 관계에 있는지 독창적으로 드러내어 감탄했던 기억이 난다. 그런데 맥도널드의 글을 보니, 루이스가 좀 더 자세히 풀어쓰고 더 생생하게 드러내며 훨씬 크고 논리적인 구조물 속에서 논의를 진행시키고 있지만, 논지 자체는 동일하다는 것을 알 수 있었다.

> 성육하신 하나님이 팔레스타인에서 한 인간으로 사시며 행하신 기적들은 이 대대적 활동과 똑같은 일들을 다른 속도로, 작은 규모로 이룹니다. 그 주된 목적 중 하나는 한 인간이 능력을 발휘해 소규모로 이루는 일을 본 자들이 같은 일이 대규모로 이루어지는 것을 볼 때 그 배후의 능력 또한 인격적 존재임을, 참으로 2천 년 전에 우리 가운데 사셨던 바로 그분이심을 인정하게 하기 위함입니다. 사실 기적이란 전 세계에 너무나 큰 글씨로 적혀 있어 일부 사람들은 보지 못하는 이야기를 작은 글씨로 다시 들려주는 일입니다. …
>
> 아무것도 없는 상태에서는 빵이 만들어지지 않습니다. 사단이 돌로 빵을 만들라고 우리 주님을 유혹했으나 주

님은 그렇게 하지 않으셨습니다. 몇 개의 빵을 가지고 많은 빵을 만드셨습니다. 아들은 아버지께서 하시는 것을 보고 그대로 따라 할 뿐입니다. 말하자면 가문의 스타일이 있는 거지요. …

보통 살아 있는 곡물에게 천천히 벌어지는 일을 구워져 생명력을 잃은 곡물 안에 즉시 행하시는 일은 돌로 빵을 만드는 것 못지않은 큰 기적입니다.

보다시피, 《조지 맥도널드 선집》은 마치 루이스가 선집의 형태로 자신이 맥도널드에게 받은 영향을 공공연히 인정하는 오마주 같은 느낌을 준다. 하지만 루이스가 맥도널드를 영적 스승으로 삼아 지속적으로 유익을 얻고 적극적으로 활용했지만, 그의 주장을 무비판적으로 추종하지는 않았다. 대표적인 부분을 하나 꼽자면, 조지 맥도널드의 만인구원설에 대한 루이스의 입장이다. 인터넷에서 조지 맥도널드를 검색해 보면, 하나님을 믿지 않아도 구원받는다는 만인구원론(혹은 보편구원론. 모든 인간이 죄 가운데 있지만, 예수 그리스도의 대속 사역으로 궁극적으로 모든 인간이 구원받는다는 믿음)을 내세웠다는 내용이 빠지지 않는다. 루이스는 조지 맥도널드의 그런 입장을 어떻게 받아들였을까? 루이스의 해석이 흥미롭다.

《조지 맥도널드 선집》 서문에서 루이스는 맥도널

가 "참으로 모든 사람이 구원받기를 바랐지만 그것은 모두가 회개하기를 바라는 마음 때문이었다. 그는 전능자도 회심하지 않은 자들을 구원할 수 없음을 (누구보다 잘) 안다. 그는 영원한 불가능성을 결코 하찮게 보지 않는다"라고 밝히고 있다. 루이스는 보편구원론이 맥도널드의 희망 사항을 반영할 뿐, 그의 글을 자세히 들여다보면 사실은 그럴 수 없다는 것을 본인도 알았다고 말하는 것이다.

오언 바필드, J. R. R. 톨킨, 그리고 친구들

루이스의 절친이었던 오언 바필드는 대학 시절 그의 사상적 스파링 파트너이기도 했다. 루이스가 바필드의 공으로 돌리는 큰 깨우침이 바로 '연대기적 속물성'에 대한 인식이었다. 이것은 두 가지 요소로 이루어져 있다. 하나는 '당대에 통용되는 지적 풍토를 무비판적으로 수용하는 태도'였다. 둘째는 '무엇이든 시대에 뒤떨어졌다는 것 자체가 불신의 근거가 된다는 가정'이었다. 이것은 루이스가 당대의 유행에 휘둘리지 않고 그것을 비판적으로 검토하며, 유행이 지나간 것처럼 보이는 여러 사상(특히 기독교)에 대해서도 독립적으로 당당하게 사고할 수 있는 기반이 되어 주었다.

《루이스와 톨킨》의 저자 콜린 듀리에즈에 따르면, 루이스의 회심에 큰 역할을 했던 톨킨은 루이스의 예술관 및 창작에도 많은 영향을 주었다. 톨킨은 예술의 최고 기능이 내적 일관성과 통일성을 갖춘 '2차 세계' 또는 '다른 세계'들을 만드는 것이라고 믿었다. 창작 활동을 신의 창조를 본받은 '하위 창조'라고 여긴 톨킨의 이러한 독특한 생각도 루이스에게 영향을 끼쳤다. 그러니까 톨킨에게 요정 이야기는 단순히 요정들이 등장하는 이야기가 아니라 요정들을 둘러싼 지리와 역사가 있는, 어떤 의미에선 다른 세계의 이야기였다. 창작된 세계의 은유적 특성은 현실에 대한 우리의 지각을 깊게 하거나 변화시키고, 우리에게 있는 불멸의 영혼을 일깨울 수 있다. 톨킨의 이러한 생각은 루이스가 어린 독자들을 위해 나니아를 창조하는 데 영감을 주었다.

《그룹 지니어스》의 저자 키스 소여는 어떤 일에 대한 개인의 창조적 아이디어도 이전에 다른 사람들과 공유한 많은 아이디어에 영향을 받는다고 주장한다. 그는 이것을 '그룹 지니어스Group Genius'라고 부른다. 여러 사람이 서로의 생각과 의견을 교환하는 과정에서 나온 통찰력은 개개인의 통찰력을 모두 합친 것보다 더 크다. 그런데 저자가 제시하는 그룹 지니어스의 사례 중에 잉클링즈The Inklings가 있다.

1933년 가을 학기에 루이스가 친구들(루이스의 형 워렌 루이스, J. R. R. 톨킨, 찰스 윌리엄스, 휴고 다이슨, 루이스의 주치의 하버드 등)과 함께 '잉클링즈'라는 명칭으로 시작한 이 비공식 모임은 매주 화요일 오전에는 카페에서, 목요일 저녁에는 루이스의 연구실에서 만났다. 저녁 모임이 더 문학적 경향이 짙었고, 회원들은 각자 집필하고 있는 작품들을 낭독하며 비판과 격려를 주고받았다. 이 자리에서 톨킨은《반지의 제왕》을 상당 부분 낭독했고, 중간계 초기 시대의 배경이 되는 신화도 일부 소개했다. 루이스는 공상과학소설, 시, 에세이와《고통의 문제》,《스크루테이프의 편지》,《천국과 지옥의 이혼》의 원고를 낭독했다. 이 모임은 공식적인 낭독 모임으로는 1949년 10월까지, 비공식적으로는 루이스가 죽을 때까지 계속되었다.

루이스는 혼자서 고독하게 생각을 전개시키고 글을 쓴 사람이 아니었다. 친구가 많이 있었고 친구들을 무척 좋아했으며 그들과 대화하고 논쟁하는 가운데 배우고 생각을 발전시켰다. 회심 과정에도 독서와 사색뿐 아니라 친구들과의 토론이 큰 역할을 했다. 그는 편지에서 그 모임이 자신에게 끼친 유익이 이루 헤아릴 수 없다고 말한 바 있다. 그런 면에서 루이스의 스승을 이야기할 때 이 모임에 함께한 친구들을 빠뜨려서는 안 될 것이다.

III

필립 얀시가 자신의 신앙과 인생에 큰 영향을 준 열세 명을 다룬 책《그들이 나를 살렸네》의 원제는 'Soul Survivor'로 처음 번역되어 나왔을 때《내 영혼의 스승들》이란 제목으로 출간되었다. 얀시는 도스토옙스키, 톨스토이,

존 던, 체스터턴 등을 자세히 소개하며 그들에게 자신이 어떤 빚을 졌는지 밝히고 고마운 마음을 아낌없이 표현한다. 에필로그에서는 독자에게 이런 조언을 한다. 영혼의 스승들을 한번 꼽아 보라고. 그들로부터 어떤 영향을 받았는지 정리해 보라고. 그래서 나는 시킨 대로 해봤다. 이면지를 꺼내 놓고 한번 적어 보았다.

"돌아가신 어머니는 내게 하나님을 가장 중요하게 여기고 한길 가는 순례자의 본을 보여 주셨다. 대학 SFC에서 함께했던 분들(지도 교수님, 선배, 동기, 후배들)은 그때도 나를 여러 모로 붙들어 주었지만, 지금도 각자의 자리에서 믿음의 길을 뚜벅뚜벅 걸어가고 있다. 해비타트에서 함께 일했던 분들은 행동하는 믿음의 은혜를 가르쳐 주었고, 거룩한 소원과 생각이 그저 감상과 생각에 그치지 않고 분명한 열매를 맺을 수 있음을 알려 주었다. 담임목사님은 믿음이 무엇인지, 자발적으로 하나님을 섬기는 것이 무엇인지 알려 주셨다. C. S. 루이스는 신앙이 비논리의 산실이고 상상력의 무덤이 아닐까 우려하던 내게 그 반대일 수 있음을 수많은 글로 보여 주었다. 그리고 아내를 통해 나는 내가 율법주의, 엄격주의에 매여 살았음을 깨닫게 되었고, 세상이 회색빛만이 아님을 알게 되었다. 아내를 통해 나는 사람을 사랑하고 사랑받고, 이해하고 이해받고, 알아가고 알려지는 것이 무엇인지 배웠다. 한마디로 그녀를 만나 사람이 되었다."

주로 작가들을 스승으로 꼽은 필립 얀시와 달리, 나는 내가 속했던 공동체의 사람들이 세트로 다가왔다. 한 사람이 성숙한 그리스도인으로 빚어지기까지 정말 많은 사람들이 직간접적으로 힘을 보탠다. 그중에는 살아 있는 사람들도 있고 죽은 지 오래인 사람들도 있다. 영화 〈반지의 제왕〉에서 프로도를 위해 친구들이 승산 없는 싸움을 벌이는 그 장면을 떠올릴 때마다, 나의 가는 길도 내가 알게 모르게 많은 이들이 목숨을 걸고 벌였던, 혹은 벌이고 있는 싸움 때문에 가능한 것이겠다는 생각이 든다. 그렇게 여기까지 이른 내가, 절대 반지의 유혹에 넘어가 버린 프로도처럼 행동한다면 얼마나 큰 배신이겠는가 하는 생각도 늘 가슴 서늘하게 따라온다.

끝으로, 많은 이들을 스승으로 인정했던 루이스도, '내 영혼의 스승들'을 이야기하는 필립 얀시도 얼마나 많은 이들이 자기 영혼의 스승으로 여기고 있겠는가 생각하니 슬며시 웃음이 나온다. 내가 내 싸움을 꾸역꾸역 해나갈 때, 그것이 다른 이들에게도 유익과 격려를 줄 수도 있겠구나 하는 자각도 따라온다. 그렇게 된다면야 큰 영광일 것이다. 하지만 그것은 내가 그렇게 되기를 바라거나 의식한다고 해서 될 일은 아닐 터. 나는 허덕허덕 힘겹게 산을 올랐을 뿐인데, 뒤에서 올라오는 사람들에게 포기하지 않고 계속 갈 수 있는 격려가 되는 식으로 이루어지는 과정이리라.

5
독서가로서 루이스

루이스가 말하는 문학적 독자의 4대 특징

둘째가라면 서러울 정도로 루이스는 책 읽기를 좋아했다. 그의 독서론이 담긴 《오독》에서 그는 좋은 작품과 그렇지 않은 작품 즉, 읽을 대상에 따른 전통적 독서 구분과는 다른 실험을 제안한다. 독자나 독서 방식에 따라 독서를 구분해 보는 것이다(나는 여기서의 '문학'을 대부분의 책을 포괄하는 넓은 뜻으로 파악한다).

세상에는 소수의 '문학을 좀 아는(literary, 줄여서 '문학적')' 독자들과 대다수의 '문학과 거리가 먼(unliterary, 줄여서 '비문학적')' 독자들이 있다. 그리고 두 부류 나름의 독서 방식이 있다.

루이스에 따르면 문학적 독자에게는 네 가지 특징이 있다. 첫째, 책을 여러 번 읽는다. 둘째, 책 읽기를 중요하게 생각한다. 책을 읽을 때는 독서에 온전히 집중한다. 셋째, 독서 후에 달라진다. 그에게는 독서가 특별한 경험이다. 사랑, 종교, 사별을 겪고 나면 사람이 달라지듯, 그는 책을 읽고 나면 의식이 달라져서 읽기 전과는 다른 사람이 된다. 넷째, 책의 등장인물과 장면이 실제 경험을 해석하는 창이나 렌즈가 된다.

　　루이스의 글을 통해 그의 인생을 따라가 보면, 그가 바로 문학적 독자의 전형이었음을 확인할 수 있다. 문학적 독자의 특징을 하나씩 따라가 보자.

책을 여러 번 읽는다

　　문학적 독자는 책을 여러 번 읽는다. 어떤 책의 경우, 평생에 걸쳐 수십 번도 더 읽는다. 그에 반해 비문학적 독자는 한 번 읽은 책을 다시는 읽지 않는다.

　　어린이를 위한 세계명작 다이제스트판 이야기를 잠깐 해보자. 이런 요약판은 물론 의미가 있다. 빠진 부분도 많고 원작에 비하면 많이 부족하지만, 아이에게는 그것이 고전을 접할 수 있는 유일한 길이다. 그러나 어린 시절의 다이제스트판을 읽고 그것을 전부로 안다면 어리석은 생각일 것이다. 그런데 나는 어린 시절 줄거리만 추려 놓은 명작 다이제스트 시리즈를 보고 수많은 명작과 영영 작별했다. 아마 나와 비슷한 이들이 많을 것이다.

군대에서 전방을 지키며 틈틈이 《레미제라블》 완역본을 다 읽고서야, 어릴 때 읽은 《장발장》만으로 그 작품을 읽었다고 생각했던 것이 얼마나 큰 착각이었는지 깨달았다.

2002년 월드컵 축구 스페인과 한국 대표팀의 경기를 떠올려 보라. "전반, 후반 몇 분에 누가 누가 골을 넣어서 아슬아슬하게 경기에서 이겼고 4강에 올랐다." 살을 다 발라내고 뼈대만 간추리면 그렇게 말할 수 있다. 그리고 그 경기에 대해 알아야 할 것을 다 알았다고, 경기의 골자를 파악했다고 생각할 수 있다. 하지만 월드컵 당시 생중계를 지켜보며, 전 국민과 함께 마음 졸이고 기뻐하며 흥분했던 추억이 생생한 '산 증인'이 그 모습을 본다면 피식 웃고 말 것이다. "맥주 맛도 모르면서" 하던 한물간 광고 문구를 떠올리며.

책을 다시 읽으면 처음의 재미와는 또 다른 새로운 재미와 깨달음이 있다(누군가는 "두 번 이상 읽을 가치가 없는 책은 한 번 읽을 가치도 없다"고 말했다). 옛날에 읽었고 내용도 잘 파악하고 있다고 생각했던 책을 오랜만에 다시 꺼내 들면 대강의 줄거리도 잘 파악하지 못하고 있을 뿐 아니라, 남아 있는 기억마저도 왜곡된 것일 때가 많음을 발견한다. 오랜만에 다시 읽는 책은 오랜만에 만나는 사람과 비슷한 느낌을 준다. 틀림없이 알고 지내던 사람인데, 기억에 남아 있는 그의 모습과 다른 낯선 면모를 발견하는 것이다. 얼굴이 변하거나 사람이 바뀌어서가 아니다. 기억이란 게 원래 그런 것 같다.

그리고 시간이 흘러 다시 만난 그의 말을 듣고 표정과 제스처를 보면서 '그래, 저 목소리. 저 손짓. 저 농담이 매력적이었지' 하고 떠올린다. 그리고 전에는 보이지 않던 그의 새로운 모습을 발견하는 기쁨(또는 충격!)을 맛본다.

책을 중요하게 생각한다

문학적 독자는 책 읽기를 중요하게 여기고, 독서할 때는 책에 온전히 집중한다. 무슨 일로건 며칠이라도 책을 못 읽게 되면 괴로워한다. 그러나 비문학적 독자에게 책 읽기는 최후의 수단이다. 하다 하다 정 할 게 없어야 비로소 책을 집어 들고, 조금만 다른 건수가 비집고 들어오면 주저 없이 내팽개친다. 잠이 안 올 때 책을 꺼내 드는 모습을 보여 주기도 한다.

그런데 요즘에는 그런 '하다 하다 정 할 게 없을' 일이 없다. 그렇다. 스마트폰 덕분이다. 그로 인해 '다른 건수'는 끊이지 않게 되었고, 비문학적 독자가 책을 잡을 일은 영영 사라진 것 같다.

루이스라면 이런 상황에 대해 뭐라고 말했을까? 스마트폰을 거론하며 시대가 달라졌다고 말하는 사람에게 루이스는 아마, '근본적으로 달라진 것은 없다'고 말했을 것이다. 그는 《영광의 무게》에 실린 글 '전시의 학문'에서 전쟁 때문에 학자가 학문에 집중하지 못하게 만드는 첫 번째 방해물로 흥분을 꼽는다.

여기서 흥분이란 '맡은 일에 집중하려고 해도 전쟁 생각만 나고 그로 인해 감정이 격해지는 상태'를 말한다. 그리고 이 부분에서 전쟁 때문에 새로운 적이 나타난 것이 아니라 원래 있던 적이 독해졌을 뿐임을 인정하라고 말한다. 사랑, 실직, 질병, 공공 문제 등의 경쟁 상대들이 끊임없이 등장하여 연구 활동에 착수도 못하게 방해할 것이라 한다. 그리고 딱 잘라서 말한다. "연구에 적합한 상황은 결코 오지 않습니다."

위의 단락에서 학문의 자리에 책을, 전쟁의 자리에 '스마트폰'을 대신 넣어 보라. 원래도 그랬지만, 이제 책 읽기 좋은 때는 결코 오지 않을지도 모른다. 책 읽을 시간이 없다는 말은 이미 시간을 다른 곳에 쓰는 선택을 내렸다는 뜻일 게다.

독서 후에 달라진다

루이스는 그의 영적 자서전 《예기치 못한 기쁨》에서 완고한 무신론자였던 그가 범신론과 유신론을 거쳐 기독교의 하나님을 인격적으로 믿게 되는 과정을 흥미롭게 적고 있다. 그 과정에서 큰 역할을 한 것이 여러 책과의 만남이었다. 특히 체스터턴의 책을 읽고 나서 생긴 변화를 두고 그는 이렇게 평했다. "무릇 건전한 무신론자로 남아 있고자 하는 젊은이는 자기의 독서 생활에 각별히 주의해야 하는 법이다. 어디에나 덫-허버트의 말처럼 '펼쳐진 성경, 수백만 가지 놀라운 일, 정교한 그물과 책략'-이 있기 때문이다. 이렇게 말해도 될지 모르겠지만, 하나님은 자신의 목적을 위해서라면 무슨 짓이든 마다하지 않으시는 분이다."

흥미롭게도, 이후 루이스의 책을 통해 기독교를 믿게 되었다고 고백한 사람들이 많다. 그가 말한 하나님의 정교한 그물과 책략에 그도 포함된 것이다. 루이스 전문가 캐스린 린즈쿡은 루이스 사상 개론서 《C. S. 루이스와 기독교 세계로》에서 이와 관련된 흥미로운 사건을 하나 소개한다.

듀크신학대 신학생이던 새니얼 아미스테드는 1973년 11월의 어느 날 밤, 루이스의 책 《기적》을 읽어 나갔다. 책을 절반쯤 읽었을 때 하나님이 진짜일지 모른다는 두려움이 생겼다. 그녀가 무신론을 옹호하며 구사했던 논증들이 하나하나 다 해체되었던 것이다. 그러다 자신이 알던 유일한 성경 구절인 요한복음 3장 16절의 의미를 분명하게 설명해 주는 대목을 읽었다. 그 결과 예수님이 성육신하신 하나님이시고, 예수님의 십자가가 죄와 죽음과 악을 이겼음을 알게 되었다. 이와 더불어, 그것이 역사상 가장 중요한 사건이자 모든 고통의 의미와 신비가 담긴 사건임을 깨달았다. 그녀는 방에 임재하신 하나님을 생생하게 느꼈고, 하나님의 사랑에 압도당했으며 예수 그리스도께 자신을 바쳤다.

이 이야기에서 가장 흥미로운 점은 그녀가 하나님을 체험하고 삶이 변하는 결정적인 계기가 된 대목이 루이스의 책 《기적》에 나오지 않는다는 것이다. 그녀는 그 책을 몇 번이나 다시 읽었지만, 그리스도인이 되었던 그날 밤에 읽었던 부분은 그 책에 없었다.

그녀가 할 수 있는 말은 한마디뿐이었다. "알아서 생각하세요."

책으로 세상을 본다

루이스는 제1차 세계대전에 참전하여 처음으로 총소리를 듣고 이렇게 생각했다. '이것이 전쟁이구나. 이것이 호메로스가 말했던 그 전쟁이야.' 책의 등장인물과 장면, 사건이 실제 사건을 해석하는 창이나 렌즈가 되는 경험은 그와 같은 개인적인 차원에 머물지 않았다. 동서양 모두 하나의 문화권 전체가 특정한 경전을 공동의 창과 렌즈로 삼아 세상을 바라본 역사를 지니고 있다.

동양의 유교 문화권에서는 공자나 맹자 같은 성현들의 경전이 창과 렌즈의 역할을 했다. 어떤 상황을 만나건 그것을 해석해 낼 수 있도록 경전을 머리와 몸에 익히는 것이 공부였다. 그것이 완전히 체화되어 성현처럼 세상을 보고 느끼고 판단하고 실천하는 사람이 된 사람이 유교 공부의 목표인 성인이 아니던가. 물론 그런 정신은 외면한 채 경전의 내용을 도구로 삼아 자기 욕심과 뜻을 관철시키고 정적을 이단으로 몰아 제거하는 자들은 존재했고, 그것을 막을 도리는 없었다.

　서양에서는 그리스 로마의 고전과 성경이 이와 비슷한 역할을 했다. 오늘날에도 그런 전통은 여전히 살아 있다. 그리스도인들이 개인적으로 갖는 경건의 시간, 설교자가 교회 공동체를 향해 선포하는 설교도 성경의 사건들과 등장인물을 통해 수천 년 수억만 리의 시공간상 거리를 넘어 지금의 상황을 바라보고 해석하려 한다. 텍스트의 등장인물과 그가 처한 상황을 안경 삼아 지금 이곳의 상황을 보게 하는 것이다.

　그것이 꼭 그런 거창한 고전이나 문학작품이어야 하는가? 반드시 그럴 필요는 없을 것이다. 실제 많은 이들에게 영화, 텔레비전 드라마, 가요, 유명인 사생활 이야기 등이 그 자리를 대신하고 있는 것 같다. 그러면 안 되느냐고? 안 될 이유가 있나. 많은 일을 겪고 많은 사람들을 상대한 이들은 풍부한 경험이 렌즈, 안경, 창이 되어 줄 것이다. 난독증이 있는 사람이 오히려 패턴 파악과 듣기 등에서 탁월한 능력을 발휘하고, 읽기에 매이지 않는 방식으로 세상을 멋지게 살아가는 모습이 말콤 글래드웰의 《다윗과 골리앗》에 잘 나와 있다. '책에 답이 있다.' 하지만 어디 책에만 답이 있겠는가. 그래도 책은 답이 주어지는 주요한 통로였고, 지금도 그러하다. 특별한 이유가 없는 한 일부러 그 길을 피해 간다면 어리석은 일일 것이다. 이쯤에서 루이스가 '전시의 학문'에서 지적한 내용을 곱씹어 보는 것도 좋겠다.

> 어느 경우건 지적 활동과 미적 활동 일체를 보류하려 들면, 결국 저속한 문화생활로 더 나은 문화생활을 대체하게 될 뿐입니다. … 좋은 책들을 읽지 않으면 나쁜 책들을 읽게 될 것이고, 합리적으로 생각하기를 멈춘다면 불합리하게 생각하게 될 것입니다. 미적 만족을 거부하면 감각적 만족에 빠지게 될 것입니다.

일용할 책을 구하라

앞에서 책이 직간접적으로 가져다 준 가장 극적인 변화, 회심의 사례를 살펴보았다. 성경을 필두로 책이 사람을 변화시킨 사례는 역사상 계속 있어 왔고, 앞으로도 계속될 것이다. 그러나 그것은 상당히 이례적인 사건이요, 한 사람의 생애에서 자주 기대할 수 없는 비범한 일인 것 또한 분명하다. 그렇다면 평소에 책 읽기에서 무엇을 기대할 것인가?

"주의 말씀은 내 발에 등이요 내 길에 빛이니이다"(시 119:105). 시편기자는 그렇게 고백했다. 성경이 사람의 마음을 완전히 붙잡고 흔들어 인생의 방향과 목적까지 바꿔 놓기도 하지만, 일상 속에서 대체로 그 말씀은 어둠 속을 걷

듯 더듬더듬 나아가는 우리가 하루하루 붙잡아야 할 권고와 약속, 명령으로 체험된다. 책도 대박을 노리고 한탕주의로 접근한다면 십중팔구 우리를 실망시킬 것이다. 예수님이 구하라 하신 일용할 양식에는 당연히 일용할 책도 들어 있을 터. 딱 하루치 먹을거리를 매일매일 구하는 심정으로 책을 상대하면 어떨까. 루이스는 편지에서 책이 '하늘에서 뚝 떨어지는' 그런 경험에 대해 이렇게 말한 바 있다.

> 딱 적절해 보이는 순간에 책들이 등장한다는 부인의 말씀은 저도 충분히 경험한 사실입니다. 그런 일이 하도 많아서, 이제는 중요한 내용을 읽었던 것 같은데 자료를 잃어버렸거나 자세한 내용이 생각나지 않아도 그다지 염려하지 않습니다. 제게 정말 필요하면 다시 주어질 거라는, 그것도 제때 주어질 거라는 확신이 있기 때문입니다. 전혀 다른 주제를 다루는 책에서 그 글이 인용되는 것을 보거나, 별로 얘기하고 싶지 않았던 사람이 대화 중에 그것을 언급하는 식이지요.
>
> —《당신의 벗, 루이스》(1958년 10월 27일)

6
편지 속 루이스의 인간적인 민낯

논리와 감성과 인격

수사학에서 청중의 마음을 사로잡기 위한 세 가지 요소로 로고스와 파토스와 에토스를 든다. 충실한 내용과 논리로 고개가 끄덕여지게 해야 하고, 감정을 건드려 공감하고 마음이 열리게 해야 한다. 그리고 무엇보다 이야기하는 사람이 믿을 만한 경우에야 그의 말을 신뢰할 수 있다.

루이스가 출간을 의도로 저술한 책은 크게 두 부류로 나눌 수 있다. 《순전한 기독교》, 《기적》, 《고통의 문제》 등 논리적 성격이 강한 책이 있는가 하면, 《스크루테이프의 편지》, 《천국과 지옥의 이혼》, 〈나니아 연대기〉 등은 탁월한 상상력을 발휘해 사람들의 마음과 감정을 사로잡는다. 이 두 부류는 각각 논리와 감정에 대응시킬 수 있을 것이다. 그렇다면 인격에 대응하는 루이스의 글은 무엇이 될까?

편지에 그 답이 있다. 이 이야기에서 월터 후퍼를 언급하지 않을 수 없다. 월터 후퍼는 C. S. 루이스를 이야기할 때 빼놓을 수 없는 인물이다. 루이스의 유작 관리자로 평생 루이스의 글을 모으고 펴내는 일에 헌신해 온 그가, 2000년에서 2006년에 걸쳐 루이스의 편지들을 엮어 방대한 분량의 서간집을 펴냈다. 지금까지 그가 해온 그 어떤 작업보다 루이스를 이해하는 데 큰 기여를 한 것이 아닐까 싶다. 그리고 그 편지 중 여러 사람들을 영적으로 이끌어 주는 385통의 편지를 추린 책이 《당신의 벗, 루이스》다.

루이스가 평생에 걸쳐 쓴 편지에는 루이스의 친구들도 다 알지 못했던, 그의 민낯이 그대로 드러나 있다. 그래서 조금은 미안하고(남의 편지를 훔쳐보는 기분이라), 그러면서도 반갑다. 탁월한 문학가이자 사상가로서의 면모는 여전히 생생히 빛나면서도, 그의 따스한 인간미, 현실적인 문제들에 대한 염려와 고민, 소박함과 겸손함이 잘 드러나 있다. 지금까지 루이스의 저작으로 그를 만나 독자로서 존경하고 흠모했다면, 편지를 통해서는 인간 루이스를 사랑하게 될 것이다.

《당신의 벗, 루이스》

기독교 변증서를 통해 루이스를 접한 분들은 이성적이고 논리적인 변증가로서 그의 모습에 익숙할 것이다. 그래서 혹 신앙의 신비와 깊이를 알지 못하는 말쟁이로 생각하는 분이 있었다면, 그의 편지가 그런 오해들을 씻어 줄 것이다. 루이스의 전기나 자서전을 읽었다면 반갑게 여겨질 내용과 인물들을 보는 재미도 쏠쏠하다. 루이스의 저작에 등장하는 테마들과 통찰들이 편지에서 다각도로 제시되고 적용되는 광경도 흥미롭다. 그의 편지들 가운데 눈길을 끄는 몇 가지 특성을 적어 본다.

사랑

캐스린 린즈쿡은 《C. S. 루이스와 기독교 세계로》에서 루이스를 한마디로 '순전한 그리스도인'이라 정의하고, 그의 이웃 사랑을 가장 잘 보여 주는 증거로 한평생 걸쳐 지속했던 편지 쓰기를 꼽았다. 요즘 사람들이 페이스북이나 트위터를 하듯 쓴 것일 뿐일 테니 딱히 대단할 것 없다고 할지 모르겠다. 하지만 그는 편지를 쓰는 것이 단순히 즐거운 일만은 아니었다. 이 편지 모음집에도 가까운 친구들에게 편지 쓰는 일의 괴로움을 여러 군데 토로한 것을 발견할 수 있다. 한 명 한 명에게 최선을 다해 쓴 그의 답장과 바쁜 와중에 손가락 관절염으로 괴로워하면서도 일면식도 없는 누군가를 조금이라도 돕고자 시간을 내어 한 자 한 자 써 내려간 수고를 생각해 보면 알 수 있다. 그의 편지들을 곰곰이 읽어 보면 그의 진심이 느껴질 것이다.

기도

루이스의 편지에는 기도에 대한 이야기가 끊임없이 나온다. '당신을 위해 하루도 빼놓지 않고 기도합니다, 저를 위해서도 기도해 주세요.' 이런 고백과 요청이 모든 편지에 거의 빠지지 않고 등장한다. 그리고 서신 교환 상대를 위해 매일 꾸준히 기도했다. 오죽했으면 중보기도의 명단을 줄이라는 조언이 필요할 정도였을까. 루이스가 꾸준히 기도하는 사람이자 기도의 능력을 정말 믿는 사람이라는 것을 알 수 있다. 이 서간집을 번역한 후에 나의 기도 생활은 이전과 똑같이 머물러 있을 수가 없었다. 기도합니다. 기도해 주세요. 이 말은 더 이상 내게 입에 발린 말로 남아 있을 수 없었다.

사랑으로 진실을 말함

의사가 환자를 비인간적으로 대한다는 거부감, 느껴 본 적 있을 것이다. 그래서 치료를 잘하고 못하고를 떠나 친절하게 대하는 의사를 선호하게 되는 게 사실이다. 하지만 그것이 전부가 아니라고 한다. 의사가 환자와 일정 거리를 두지 못하면 환자를 당장 편하게 해주고 싶은 마음에 제대로 된 충실한 치료를 못하게 된다는 것이다. 그것은 장기적으로 환자에게 독이 된다. 당장 편한 것이 전부가 아니요, 좋은 게 좋은 게 아닌 셈이다. 루이스의 편지 중에는 서신 교환이 끊어질 상황도 각오한 듯 상대의 잘못과 문제점을 노골적으로 지적하는 편지도 있다. 그 편지들을 보며 의사의 역할이 생각났다. 위로와 격려가 필요한 경우도 있으나, 분명한 잘못을 명확하게 지적해야 할 때도 있는 법. 그래서 사랑으로 진리를 말하라 하지 않았던가. 하지만 그것이 얼마나 힘든 일인지 우리는 안다.

구체적인 조언들

이 서간집의 핵심은 결국 보통 사람들이 구체적인 자리에서 고민하고 힘들어하는 문제들에 대해 루이스가 주는 조언일 것이다. 신앙에 대해 회의하는 사람, 막 신앙의 길에 들어선 사람, 신앙생활과 관련된 여러 고민을 털어놓는 사람. 딸을 질투하는 어머니, 대학에 떨어진 학생, 나이 드는 것의 어려움을 토로하는 노부인, 목회자가 마음에 안 드는 성도. 이 책에서 그는 조언을 구하거나 자신의 사정을 털어놓는 사람들에게 때로는 공감하고 격려하고 때로는 따끔한 충고를 아끼지 않는다. 편지 중 일부를 인용해 본다.

> 음악이나 종교, 심지어 환상을 접할 때도 옥석을 가리는 시금석은 동일합니다. 그로 인해 더욱 순종하는 사람이 되고, 더 하나님 중심이 되고, 이웃 중심이 되고, 자기중심에서 벗어나는가?
>
> ―(1956년 3월)

아우구스티누스는 '하나님은 빈손을 보실 때 주신다'고 했다지요. 내 손이 허접쓰레기로 가득하면 선물을 받을 수 없습니다. 그런데 그 허접쓰레기란 꼭 죄나 세상 염려가 아니라, 내 방식대로 하나님을 섬기려 벌이는 야단법석일 때도 많습니다.

—(1958년 3월 31일)

하나님이 (인간 예술가가 그러듯) '결과가 잘 나오기는 했지만, 솔직히 그건 원래 계획의 일부가 아니었다'라고 말씀하신다고는 생각할 수 없습니다. 그렇다면 우리는 우리를 창조하심(늘 진행 중인 일이지요)을 포괄하는 창조 행위 전체와 대면하는 것이 아니겠습니까? 모든 순간, 모든 사건에는 사람들을 다루시고 자신이 하는 일을 아시는 인격체의 행위가 담겨 있습니다.

—(1955년 4월 6일)

본인의 기분에 그리 개의치 마십시오. … 그 기분들은 당신이 아니라 당신에게 벌어지는 현상에 불과합니다. 중요한 것은 당신의 의도와 행동입니다.

—(1951년 6월 13일)

아이와 노인과 청년에게

C. S. 루이스가 조언을 구하는 이들에게 옹골찬 지혜를 표현하고 전달하는 방식에서도 배울 바가 많다. 따로 신학을 공부하지 않은 일반 성도, 심지어 배움이 짧은 성도들이나 어린 자녀들까지도 알아들을 수 있는 쉬운 말로 복음의 진리와 성경의 가르침을 번역하는 것은 모든 교사, 특히 목회자가 반드시 갖추어야 할 미덕이다. 루이스는 신학적인 정보가 일상어로 번역이 안 된다면 본인이 그 내용을 이해하지 못한 거라고 잘라 말한 바 있다. 기독교가 갖춘 풍부하고 깊은 지혜를 보다 효과적으로 전달하기 위해 고민하는 누구나 루이스의 편지에서 그 훌륭한 본을 발견하게 될 것이다.

《당신의 벗, 루이스》 이외에 루이스의 편지를 담은 책이 세 권이 나와 있다. 세 권에 실린 편지들 중 상당수는 《당신의 벗, 루이스》에도 실려 있지만, 각각 아이들과 어느 한 노인과 청년에게 쓴 편지들만 따로 모아 놓은 것이 특색이다. 각 권이 주제도 전혀 다르고 접근 방식도 상이하기에 상대의 나이와 처지에 따라 지혜를 달리 적용하고 전하는 모습을 잘 보여 주는 사례집이다. 하나씩 간단히 살펴보는 것으로 이번 글을 마무리할까 한다.

《루이스가 나니아의 아이들에게》

루이스가 어린이들에게 보낸 편지 모음집이다. 나니아 이야기에 대한 저자의 간결하고 친절한 해설과 안내를 접할 수 있는 독보적인 자료다. 어른이 봐도 무릎을 탁 치게 되는 구체적인 삶의 조언들이 가득하다. 내가 소개하고 싶은 조언은 두 가지다. 하나, 사람이 하는 일에는 크게 세 가지밖에 없다는 딱 부러진 구분이다. 한번 들어보시라.

> 사람들이 하는 일은 다음 세 가지 중 하나라는 것을 잊지 말거라. (1) 해야 할 일ought to, (2) 안 할 수 없는 일have got to, (3) 하고 싶은 일like doing. 이런 얘기를 해주는 건 사람들이 위의 세 가지에 속하지도 않는 일을 하느라 시간을 너무 낭비하는 것 같아서란다. 읽고 싶지도 않은 책을 남들이 읽는다는 이유로 읽는 경우 알지? 해야 할 일이란 학교 공부나 사람들에게 친절하게 대하기 같은 거야. 안 할 수 없는 일이란 옷을 입고 벗는 일, 장 보는 일 등을 말한다. 하고 싶은 일은……. 네가 무슨 일을 좋아하는지 모르겠구나.

또 하나는 글쓰기에 대한 충고다. 내가 글쓰기에 대해 들은 어느 조언보다 알차다. 고수만 이런 조언을 할 수 있을 듯.

1. 하고 싶은 말을 정확히 전달하는 데 주안점을 둘 것. 다른 의미로 오해받지 않도록 해라. 2. 길고 애매한 단어보다는 분명하고 직접적인 단어를 사용할 것. '약속을 이행한다'고 하지 말고 '약속을 지킨다'고 해라. 3. 구체적인 명사를 사용할 수 있을 때는 추상명사를 쓰지 말 것. '사람이 더 죽었다'라는 의미라면 '사망자 수가 증가했다'고 하지 마렴. 4. (글을 쓸 때) 독자들이 느끼기 원하는 것이 있다면, 해당 형용사를 사용하지 말 것. '그 일은 끔찍했다'고 쓰지 말고 독자들이 끔찍하게 느끼도록 하라는 의미야. … 5. 필요 이상으로 과장된 표현을 하지 말 것.

《루이스가 메리에게》

루이스가 본인보다 나이가 몇 살 많은 한 미국인 여성에게 보낸 편지들을 모은 책이다. 같이 늙어가는 이에게 건네는 위로와 격려가 훈훈하다. 노년의 편지 친구에게 보내는 글이기에 노년의 아픔과 기쁨, 불안감, 질병과 통증에 대한 언급이 이어진다. 여기서도 그의 조언을 하나 소개하자면, "고통이나 재정적 어려움 등에 직면했을 때는 하루하루 시간 시간을 살아 내는 것이 비결입니다. 과거나 미래를 현재에 끌어들이지 않고서 말입니다." 루이스도 덧붙이고 있지만, 물론 이것은 예수님이 오래전에 조언하신 내용이기도 하다.

그리고 그 모든 것 가운데 지키시는 하나님에 대한 신뢰와 감사가 넘친다. 물론, 따뜻한 공감과 위로도 가득하다. 재치도 여전하다. 주름에 대한 다음의 말을 들어 보라. "주름은 – 쳇! 대체 주름이 왜 나쁘단 말입니까? (인생이라는) 전쟁에서 오래 복무한 이들이 받는 훈장인데요."

죽음에 대한 언급도 끊이지 않는다. 흔히 고통과 통증을 이야기하며 함께 등장하는 죽음을 대하는 그의 태도는, 즐거운 고대라고 할 만하다. "부인이나 저나, 나이가 들면 낡은 차처럼 된다는 걸 인정해야 할 것 같습니다 – 수리하고 갈아 끼워야 할 것이 점점 많이 생기지요. 하나님의 차고에서 지금 우리를 기다리고 있을 그 멋진 (부활표 최신형) 새 차를 고대하며 삽시다!"

《잔인한 자비》

루이스의 편지와 관련하여 끝으로 소개하고 싶은 책은 《잔인한 자비》다. 《당신의 벗, 루이스》에도 여러 번 이름이 나오는 미국인 영문학자 쉘던 베너컨이 젊은 시절에 루이스와 주고받은 편지와 그의 사연이 이 책에 다 실려 있다. 루이스의 편지들은 베너컨의 젊은 시절이라는 배경 속에서 피와 살을 입으면서 그 편지들이 원래 가졌을 힘과 매력, 그 진심을 고스란히 발산한다. 이 책은 크게 세 부분으로 나뉜다. 첫 부분은 베너컨이 아내 데이비와 나눈 지극한 낭만적 사랑을 더없이 아름답게 그리고 있다. 그는 이것을 '사랑의 성채'라고 부른다. 이 부분이 전체 분위기와 뒷부분에서의 고통과 이별을 더욱 애절한 것이 되게 만든다. 이 풋풋하고 아름다운 사랑이여.

두 번째 부분은 두 사람이 루이스 책의 도움을 받아 기독교의 진리에 눈뜨고, 루이스와 서신을 교환하며 의심과 두려움의 벽을 넘어 '빛과의 조우'가 이루어지는 과정을 그린다. 이 대목에서 루이스가 베너컨에게 보낸 편지들은 루이스의 사상들을 압축시켜 놓은 듯하다(이 책 4, 5장의 내용이다). 베너컨이 기독교에 대한 지적 장애물은 다 넘은 마지막 단계에서 믿음으로 넘어갈 수 없다고 고민을 털어놓으며 그런 상태를 이렇게 정리한다. "믿음이 없어서 그리스도를 믿을 수 없고, 그리스도를 믿을 수 없어서 믿음이 없다." 이에 대해 루이스는 그가 여러 저서에서 좀 더 자세히 펼치는 여러 논증을 한데 엮어 참으로 명쾌한 대답을 죽 펼쳐 놓은 다음, 편지를 이렇게 마무리한다. "그러나 나는 당신이 이미 그물에 걸려들었다고 생각합니다. 성령께서 당신의 뒤를 쫓고 계십니다. 달아나기 어렵겠지요!"

세 번째 부분은 데이비의 때 이른 질병과 고통, 그리고 죽음, 그리고 그 이후를 다룬다. 사랑의 성채가 깨어지고, 그것은 깨어져야 했음이 드러난다. 이 부분의 정점을 이루는 대목도 루이스의 편지다. 그의 편지에서 이 책의 제목이 되는 '잔인한 자비'라는 표현이 등장한다. 베너컨이 아내의 죽음을 통해 받은 것이 바로 잔인한 자비였다고 루이스는 말한다. 루이스 본인도 "내 당신처럼 고통을 겪고 있는 사람들에게 편지를 썼지만, 이처럼 솔직하게 쓴 예는 없습니다. 그리고 바로 이 점이 내가 당신을 믿고 있으며 몹시 좋아한다는 강력한 증거입니다." 베너컨은 루이스의 이 편지를 "잔인하고 웅변적인 서신"이라 부르고, 그 편지를 받은 후 "루이스를 형처럼 사랑했다. 그는 부형父兄 같은 존재였다"라고 고백한다.

나가며

루이스의 기존 저작들에 더해 그의 편지들을 펼치면 로고스, 파토스, 에토스가 균형을 이룬 루이스의 모습이 드러난다. 치열한 논리, 멋진 상상력, 자신의 한계를 인정하고 자신이 전하는 복음의 가르침에 충실하고자 몸부림치며, 하나님께 나아가는 인격으로 체화된 신앙. 이 세 가지는 오늘날 한국교회와 그리스도인들에게 반드시 필요한 덕목이 아닐까. 편지가 루이스 읽기의 필독서로 자리 잡아야 할 이유다.

2

우리가
얼굴을
찾을 때까지

7
사랑의 상처를
피하는 법

I

프랑스 영화 〈사랑한다면 그들처럼〉에는 사랑을 잃을까 봐 두려워 그런 순간이 오기 전 가장 행복한 순간에 떠나가는 사람이 나온다. 진정한 사랑을 발견하고 더없이 행복한 결혼 생활을 보내던 어느 날, 여주인공은 이런 편지를 남기고 다시는 돌아오지 않는다.

사랑하는 이에게.
먼저 떠납니다. 사랑을 남기고 가려고요. 아니 불행이 오기 전에 갑니다. 우리의 숨결과 당신의 체취와 모습, 입맞춤까지 당신이 선물하신 내 생애 절정에서 떠납니다. 언제나 당신만을 사랑했어요. 날 잊지 못하도록 지금 떠납니다.

이렇게 계속 좋을 수는 없어. 상대가 변하거나 나를 싫어하게 되면 어떡해. 그럴 바에는 이대로 끝내는 게 나아. 대단히 비장하고 낭만적인 외피를 덮어쓰고 있지만, 미래를 내다보는 통찰력, 냉철한 현실 인식을 가장하고 있지만 사실은 상대에 대한 불신, 앞으로 어떻게 될지 모른다는 두려움에 무너진 것이 아닐까. 그녀는 완전한 사랑의 순간을 마치 '정지 화면'처럼 그대로 온전히 간직하고자 달아났지만, 그 순간이 과연 그녀의 기억 속에서나마 온전히 간직될까? 그것이 과연 사랑하는 상대를 사랑으로 대하는 방법일 수 있을까?

II

사랑의 상처가 두렵고 상대를 잃어버리는 것이 두려워 달아나는 것이 약한 사람의 선택이라면, 강한 사람은 상대를 꽉 붙들고 놓지 않으려 한다. 그런 사람이 루이스의 소설 《우리가 얼굴을 찾을 때까지》에 나온다.

증오보다 못한 사랑

오루알은 글롬 왕국의 왕 트롤의 장녀. 못생긴 그녀는 아버지의 미움을 받는다. 오루알은 막내 동생 프시케를 마치 딸인 것처럼 아끼고 사랑한다. 그러나 아름답고 선한 프시케는 왕국에 발생한 재난의 희생양으로 산의 신에게 바쳐진다. 산속에 홀로 방치된 프시케가 죽었다고 생각하고 시신이라도 수습하고자 찾아간 오루알은 멀쩡하게 살아 있는 프시케를 만난다. 그리고 그녀가 신의 신부가 되었다는 말을 듣는다.

오루알은 살아 있는 프시케의 모습을 보고 큰 기쁨을 느끼지만 자신이 신의 궁전에 산다고 주장하는 프시케가 미쳤다고 생각한다. 그녀는 억지로 프시케를 데려가려 하지만 프시케는 거부한다. 궁전으로 돌아온 오루알은 순진한 프시케가 산 도적에게 속아 넘어갔다고 믿게 되고, 어떻게든 프시케가 상대 남자의 얼굴을 확인하게 만들어 미몽에서 깨어나게 하리라 마음먹는다.

며칠 후 작심을 하고 다시 동생을 찾아간 오루알은 다짜고짜 단검을 꺼내 자기 팔에 깊숙이 찔러 넣는다. 프시케가 남편 신의 엄중한 금지명령을 어기고 밤중에 남편의 정체를 확인하게 하려는 협박이었다. 오루알의 자해 공갈에 프시케는 이렇게 말한다. "언니의 자애가 과연 증오보다 나은 건지 모르겠네요. 오, 오루알, 언니를 향한 내 사랑을 이런 식으로 이용하다니. … 그걸 언니의 수단으로, 무기로, 전략과 통제의 통로로, 고문의 도구로 사용하다니."

오루알의 사랑에 담긴 진실이 밝혀지는 소설의 2부에서 그녀는 자기도 모르게 신들에게 속내를 털어놓는다. 그녀는 차라리 프시케가 야수에게 잡아먹혔다면 훨씬 나았을 거라고 따진다. 그랬다면 애통하며 프시케의 무덤을 만들어 주었을 거라며. 그녀는 신들이 프시케의 마음과 사랑을 훔쳐 갔다며 그것에 분개한다. "프시케는 내 것이었습니다. 그 아이에게 권리를 행사할 사람은 나뿐이었다고요. … 내가 주지도 않은 행복, 그 아이와 날 갈라놓은 그 끔찍하고 새로운 행복에 내가 왜 상관해야 한단 말입니까? 그 아이가 그런 식으로 행복하기를 바랐을 것 같습니까? … 그 아이는 내 것이었어. 내 것. 무슨 뜻인지 모르겠어? 내 거라고!"

사랑에 대해 아무것도 모르시는군요

오루알의 생애에서 소중한 사람이 또 있었다. 충신 바르디아 경이다. 오루알은 그를 남몰래 사랑했다. "바르디아, 당신을 사랑했어"라고 귓가에 속삭이지 못하고 떠나보낸 것을 더없이 아쉽게 여겼다. 바르디아가 죽은 후, 미망인을 위로 방문하는 자리에서 오루알은 자신이 바르디아에게 한 일의 진실을 듣게 된다.

미망인은 오루알이 바르디아를 끊임없이 혹사시켰다며 이렇게 말한다. "폐하는 남편의 피를 한 해 한 해 다 빨아 마셨고 그의 생명을 삼켜 버렸습니다." 그런데 왜 그렇다고 말하지 않았느냐고, 그랬다면 쉬게 해주었을 거라고 말하는 오루알에게 미망인은 이렇게 되묻는다. "그렇게 해서 남편의 생명이자 모든 영광이요 위대한 업적인 일을 빼앗으라고요? 내 옆에 붙잡아 두기 위해 그런 대가를 치르게 하라고요? 내 것으로 삼기 위해 그이 자신을 잃게 만들라고요?"

그래도 그녀의 것이 되기는 했을 것 아니냐고 말하는 오루알에게 미망인은 이렇게 대답한다. 그는 자기 남편이었지 집 지키는 개가 아니었다고. "그이는 스스로 가장 장부다운 삶이라고 여기는 삶을 살아야 했어요. 절 기쁘게 해주는 삶이 아니라."

미망인은 남편뿐 아니라 이제 오루알의 신하가 된 아들에 대해서도 같은 말을 한다. 그도 제 어미 집에는 점점 더 등을 돌리게 될 것이고 날마다 어미에게서 멀어질 거라고. 그렇게 세상의 것이 될 거라고. 그리고 자신은 결코 그것을 막지 않을 거라고.

오루알은 되묻는다. 그것을 어떻게 견딜 수 있느냐고. 그 질문에 미망인은 폐하는 사랑에 대해 아무것도 모르시는 것 같다는 싸늘한 대답을 남긴다. 정곡을 찌르는 말이다. 오루알에게 "사랑하는 것과 삼키는 것은 하나"였다.

III

도망칠 수도 없고 집착해서도 안 된다면 '안전하게' 관리할 수는 없을까? 사랑하는 사람이 다치지 않게 완벽하게 지켜주면 되지 않을까? 그러면 나도 상처받을 일이 없지 않을까? 이 문제를 흥미진진하게 다룬 영화가 있다.

숲속의 작은 마을. 장례식이 열리고 있다. 어린아이가 죽었다. 누군가가 이렇게 자문한다. '이곳에 정착하기로 한 결정이 올바른 것이었을까?'

1897년, 펜실베니아주의 작은 마을 코빙턴우즈에 육십 명의 사람들이 모여 평화롭게 살아간다. 그러나 마을 주민들은 그들의 낙원을 둘러싸고 있는 숲속에 정체불명의 생명체가 존재한다는 것을 잘 알고 있다. 그들 사이에서 "입에 올려서는 안 될 그들"로 통하는 그 생명체 때문에 그들의 삶은 언제나 공포와 불안에 눌려 있다. '숲속의 그들'과 '마을의 그들' 사이에는 일종의 묵시적인 정전 상태가 유지되고 있었는데, 언제부턴가 이 마을에 불길한 기운이 감돌기 시작한다.

루시우스는 정신질환을 앓는 마을 청년 노아 퍼시에게 먹일 약을 숲 너머에 있는 마을에서 구하려고 숲속으로 들어갔다가 겁에 질려 돌아온다. 숲속 출입을 금지하는 원로회의 결정을 무시한 채 허락 없이 마을을 벗어나려 했던 루시우스는 마을의 지도자 에드워드 워커를 비롯한 원로들의 혹독한 질책을 받는다. 워커의 딸이자 앞을 못 보는 아이비는 루시우스의 정의감과 용기에 남다른 관심과 애정을 갖게 된다. 그리고 아이비를 남몰래 짝사랑해 온 노아 퍼시가 그 사실을 알게 된다.

루시우스가 숲에 들어갔다가 도망쳐 온 다음부터 이

상한 일들이 벌어진다. 집집마다 현관에 피가 칠해진다. 생가죽이 벗겨진 여우의 사체들도 곳곳에서 발견된다. 게다가 가축들까지 죽은 채 발견되자 마을 주민들은 그것을 '숲의 그들'의 공격적 위협으로 여기고 불안과 공포에 휩싸인다.

그런 와중에 질투에 사로잡힌 노아 퍼시가 루시우스를 칼로 찔러 그의 목숨이 위태롭게 된다. 아이비는 이웃 마을에 가서 약을 구해 오겠다고 아버지를 설득한다. 결국 아이비는 루시우스에게 필요한 약의 목록을 아버지에게서 받아 들고 숲속으로 들어간다.

사랑하는 이를 위해 약을 구하러 나선 장님 아이비의 모험이 펼쳐지면서 마을의 진실이 함께 밝혀진다. 사실 그때까지 영화를 보던 관객이나 마을에 사는 자녀들은 그때가 19세기 말인 줄 알았지만, 실제로 시대적 배경은 현대였다. 그곳에 모여 사는 어른들은 모두 가족 중 누군가가 끔찍한 살인 사건으로 목숨을 잃는 아픔을 공유한 사람들이었다. 끔찍한 세상에서 벗어나 아이들을 안전하게 기르기 위해 세상을 등지고 산림보호구역으로 도망쳐 들어와 부락을 이루고 살아왔던 것이다. 그리고 자녀들이 밖으로 못 나가게 하려고 마을 원로들이 숲속의 괴물 역할을 맡았던 것이다.

영화 〈빌리지〉의 줄거리다. 영화는 두 가지 측면에서 참 슬프다. 첫째, 코빙턴우즈 사람들이 세상을 등진 계기가 된 사건들이 슬프다. 응급실에서 부상을 입은 마약중독자를 도우려다 그의 총에 왼쪽 눈을 관통당해 목숨을 잃은 동생. 아침에 슈퍼마켓에 간 사흘 뒤 강에서 알몸의 시신으로 발견된 남편. 동업자와 돈 문제로 다투다 총에 맞아 죽은 아버지. 이런 비극이 분명히 존재하는 현실이 더 슬프다.

둘째, 그들의 힘겨운 선택이 슬프다. 사랑하는 자녀들을 지키기 위해 그들을 속이고 위협해야 하며, 밖에 있었다면 고칠 수 있을 질병으로 인한 손상과 죽음을 감수해야 하기 때문에, 무엇보다 결국 그들 사이에서 다시 범죄가 벌어지기 때문에, 그들의 선택은 한없이 서글프다. 자녀들을 위험으로부터 원천 차단해 주고 싶은 마음은 충분히 이해하지만, 위험이 전혀 없는 세상은 있을 수 없다는 것을 영화가 너무나 분명히 보여 주고 있기 때문이다.

IV

평생을 독신남으로 자유롭게 살던 루이스는 생애 후반부에 한 여인을 만나 사랑하게 되면서 인생이 송두리째 바뀌고 흔들리는 경험을 한다. 그의 뒤늦은 사랑은 낭만적이고 감동적이며 미심쩍고 흥미진진하다. 〈섀도우랜드〉라는 영화로 제작되었을 정도.

많은 여성들이 루이스에게 편지를 보내 조언을 구하고 우정을 이어갔으나 조이라는 여성은 그의 영혼까지 얻고자 했다. 그녀는 문학적 영감이 떨어져 절치부심하던 루이스에게 나타난 뮤즈였다. 《네 가지 사랑》도 그녀와 함께하며 쓴 책이고, 특히 《우리가 얼굴을 찾을 때까지》는 조이의 도움이 컸다. 루이스는 조이가 암에 걸려 잃어버릴 위기에 처하자, 비로소 ["타나토스(죽음)라는 라이벌을 만나고서야"] 자신이 그녀를 사랑한다는 사실을 절감하게 된다. 짧고 강렬한 결혼 생활 후 아내 조이는 세상을 뜬다. 루이스는 건강이 무너져 내리는 조이를 지켜보며 시를 한 편 썼다. 이 사랑의 시는 그의 생전에 출판되지 않았고 쓴 날짜나 설명도 붙어 있지 않다. 하지만 이 시를 보면 조이와의 사랑이, 그 사랑과 더불어 찾아온 고통이 그에게 어떤 의미가 있었는지 능히 짐작할 수 있다.

파편이 떨어져 내리는 지금

이 모두는 그대를 향한 사랑을 담기엔 형편없는 표현.
나는 평생 한 번도 진정으로 남을 위할 줄 몰랐습니다.
속속들이 장사꾼에다 자기 잇속만 차리는 사람.
하나님과 그대, 모든 친구들도 이용할 작정으로 원할 뿐.

평안, 확신, 즐거움은 내가 추구하는 목표들.
내 알량한 몸에서 한 치도 벗어나지 못합니다.
학자의 앵무새가 그리스어를 말하듯 사랑을

중얼거리지만
결국엔 내 안에 갇혀 언제나 제자리걸음.

그대가 내 부족함을 가르쳐 주고서야(하지만 너무
늦었군요)
비로소 타인과의 그 넓은 간격이 보입니다. 그대의 모든
면에 힘입어
만들어지던 내 마음의 다리. 이제 홀로 된 유배에서
벗어나
사람다워지나 싶었습니다. 그런데 이제 그 다리가
무너지고 있습니다.

파편이 떨어져 내리는 지금, 그대를 축복합니다.
그대로 인한 근심이 다른 모든 이득보다 더 소중합니다.

V

《네 가지 사랑》에서 루이스는 아우구스티누스가《고백록》에서 한 말에 대해 아주 조심스럽게 이의를 제기한다. 아우구스티누스는 절친한 친구의 때 이른 죽음으로 큰 고통과 괴로움을 느끼고, 이런 슬픔과 아픔이 하나님 외에 다른 것을 사랑해서 비롯되었다고 말한다. 그리고 하나님 외에 다른 존재에게 마음을 주면 안 된다고 말한다. 루이스는

이런 생각이 아우구스티누스가 이교도 시절에 익힌 사고방식의 잔존물이라고 생각한다. '상처받기 싫으면 마음을 닫아야 한다'는 식의 대처는 올바른 해결책일 수 없다고 지적한다. 그리고 《네 가지 사랑》에서 이렇게 말한다.

> 사랑한다는 것은 상처받을 수 있는 위험에 자신을 노출시키는 행위입니다. 무엇이든 사랑해 보십시오. 여러분의 마음은 분명 아픔을 느낄 것이며, 어쩌면 부서져 버릴 수도 있습니다. 마음을 아무 손상 없이 고스란히 간직하고 싶다면, 누구에게도 … 마음을 주어서는 안 됩니다. … 모든 얽히는 관계를 피하십시오. 마음을 당신의 이기심이라는 작은 상자에만 넣어 안전하게 잠가 두십시오. 그러나 … 그 상자 안에서도 그것은 변하고 말 것입니다. 부서지지는 않을 것입니다. 깨뜨릴 수 없고 뚫고 들어갈 수도 없을 것입니다. 그러나 구원받을 수 없는 상태가 될 것입니다.

그리고 더 나아가 이렇게 단언한다.

> 우리는 모든 사랑에 내재해 있는 고통을 피하려고 애씀으로써가 아니라, 그것을 받아들이고 그분께 바침으로써 하나님께 더 가까이 다가서게 됩니다.

미국의 저명한 기독교 철학자 니콜라스 월터스토프는 20대의 아들을 등반 사고로 잃은 아픔으로 질문하고 성찰하며 한 권의 책을 썼다.《나는 사랑하는 사람을 잃었습니다》이다. 절절한 아픔을 토로하던 그는 후반부에 이렇게 말한다. 우리는 사랑하기 때문에 고통받는 것이라고. 그러므로 사랑의 하나님은 가장 큰 아픔과 고통을 아시고 겪으신 분이며, 하나님이 우리를 사랑의 자리로 부르신 것은 고통의 자리로 부르신 것이라고.

지금도 기억이 난다. 대학 시절, 거절당하고 아플까 봐 사랑하기가 두렵다는 내게 그런 터무니없는 소리가 어디 있느냐고 눈을 동그랗게 뜨고 따지던 선배가. 덕분에 내 생각을 객관적으로 볼 수 있었다. 다행히, 그 후 나는 사랑을 하고 결혼을 해 한 여인의 남편이자 한 아이의 아빠가 되었다. 그로 인해 이전에는 알지 못했던 기쁨과 슬픔과 두려움을 다 경험하게 되었다. 그러나 지금 내 안에는 여전히 소심한 겁쟁이가 버티고 있다. 새로운 사랑의 기회가 열릴 때마다 주저하고 주춤거리는 내 모습을 본다.

사랑은 누구에게나 중요한 주제이지만, 루이스의 사상과 삶에서는 특히 중요한 자리를 차지한다. 그렇기에 루이스를 논하면서 사랑 이야기를 건너뛸 수는 없는 법. 하지만 사랑을 다루는 글을 쓰기로 마음먹는 것은 쉽지 않았다. 이 주제에 대해 루이스가 들려 준 메시지와 나의 상태, 수준과의 괴리가 너무 크게 느껴졌기 때문이다. 그가 알려 준 내용이 버거웠기 때문이다. 이 주제를 내가 과연 의미 있게 쓸 수 있을지 자신이 없었다. 내 삶으로 감당할 수 없는 주제를 앵무새처럼 전달하는 것에 그쳐서는 안 된다는 부담이 있었다. 결국 이 책에 실린 다른 글도 그렇지만 이 글은 더더욱 어떤 주제에 대해 '뭘 좀 아는 자', '통탈한 자'의 글이 아니다. 배운 내용을 정리하고 되새겨 보고 어느 정도라도 체화하기를 희망하는 학생의 노트 정리, 독서 감상문이다.

8
사람이 되어 가는 과정

셰익스피어의 《햄릿》을 보셨는지? 내가 마흔이 넘어 다시 읽고 발견한 햄릿은 물론 생각이 많고 상당히 감상적인 사람이었지만, 우유부단하고 결단력 없고 나약한 사람의 전형은 아니었다. 그는 용의주도한가 하면 충동적이고, 우유부단한가 하면 과단성 있게 행동하고 잔인하기까지 하다. 믿지 못하겠다면 한 가지 장면만 같이 떠올려 보자.

《햄릿》 전체에서도 가장 인상적인 장면으로 주인공 햄릿이 숙부인 왕을 죽이려다 마는 대목을 꼽을 수 있다. 그는 혼자 있는 숙부를 보고 죽이려 하다가, 그가 기도하는 중임을 알고 죽이지 않기로 한다. 왜 그랬을까? 기도하다가 죽으면 그가 천국에 갈지도 모른다고 봤기 때문이었다. 지옥에 확실하게 보내려면 그가 악을 행하고 있을 때 죽여야 한다는 것이다.

신앙이 없는 사람의 눈에는 이 모두가 부질없는 짓, 가당찮은 이유로 행동을 미루는 우유부단함의 증거로 보일 수 있겠다. 하지만 그가 지옥을 정말 믿는다면, 그때는 얘기가 달라진다. 그의 행동은 대단히 신중하고 계산된, 어찌 말하면 잔인한 처사이다. 그냥 죽이는 것으로 만족할 수 없다는 것이다. 영혼까지 지옥에 보내는 확실한 복수가 아니면 만족할 수 없다는 선언이다.

클로디어스의 고뇌

그런데 햄릿이 혼자 기도하는 삼촌을 보며 고민하는 장면에서 셰익스피어는 삼촌 클로디어스의 고뇌도 나란히 겹쳐 놓았다. 행동 자체만 놓고 본다면 클로디어스는 철저한 악당이다. 형을 살해하고 형수를 아내로 취했고 조카이자 아들이 된 햄릿을 여러 비열한 수단을 써서 제거하려 한다. 피도 눈물도 없을 것 같은, 어떤 양심의 가책도 없을 것 같은 인물이다. 그런데 실제로 그렇지 않았다. 그는 자기 행동의 의미를 정확히 알고 죄책감을 느낀다. 구원받고 싶은 마음도 꽤 간절하다. 기도드리고 싶은 마음도 절실하지만 어떻게 하지 못해 이렇게 고민한다.

내 죄는 이미 저질러진 것. 어떤 기도를 드려야 알맞을까?

'비열한 살인죄를 용서하소서'라고 할까? 안 될 말이지. 나는 살인의 결과로 얻은 이득을 아직도 움켜쥐고 있지 않은가.

왕권과 야망, 그리고 왕비를 말이다.

죄로 얻은 소득을 지닌 채 그 죄를 용서받을 수 있을까?

그래도 어떻게든 은총을 빌어 보리라며 기도를 시도한다. 햄릿이 기도하는 그의 모습을 본 것이 바로 이때이다. 우리는 흔히 양심의 가책을 느끼는 것을 무슨 미덕이라도 되는 듯 여기고 그것을 회개로 착각하기도 한다. 느낌을 행동으로 착각하는 것이다. 그러나 양심의 가책이 어떤 결과를 낳는지 주목해야 한다. 그 가책에 따라 어떻게 행동하는가가 중요하다. 클로디어스는 자기 행동의 의미를 잘 알고 있었다. 회개하면 은혜를 누릴 수 있겠지만, 죄악으로 손에 움켜쥔 것을 놓을 마음이 전혀 없었다. 자신이 현재 가진 것을 놓을 마음이 추호도 없다. 그렇다고 자기기만에 빠지지도 않는다. 자기 행동의 의미를 정확히 알고, 그 결과도 다 직시한다. 이대로 가면 구원의 길과 멀어지는 것을 알면서도 뚜벅뚜벅 제 욕심대로 걸어간다. 그래서 그는 신의 은총을 구하며 기도한 후에 이렇게 말한다.

말은 하늘로 날아갔지만, 마음은 그대로 지상에 남아

있구나.

마음이 담기지 않은 빈말이 어찌 하늘에 닿을 수 있으랴.

용의 기도

C. S. 루이스의 책 《순례자의 귀향》에는 욕심쟁이 늙은 용이 나온다. 그놈은 뱀 시절에 용이 되려고 짝을 잡아먹은 괴물이다. 평생 그러모은 황금과 보물을 누가 가져갈까 봐 하루 종일, 1년 내내 잠 한숨 편히 못자고 밤낮으로 경계를 선다. 그러면서 짝을 잡아먹은 것을 후회한다. 짝에 대한 애틋함이나 외로움 때문이 아니다. 살려 뒀더라면 함께 보물을 지킬 수 있었을 테니 보물이 더 안전하고 잠도 좀 잘 수 있을 거라는 이유이다. 녀석은 보물을 탐내는 인간들을 저주하면서 하나님께 이렇게 부르짖는다.

> 오, 용을 만드신 주여, 내게 당신의 평화를 주소서!
> 그러나 황금을 포기하라는 말씀은 마십시오.
> 죽는 것은 더더구나 안 됩니다. 그럼 다른 놈들이
> 황금을 차지할 거 아닙니까.
> 그보다는 차라리 인간들, 다른 용들을 죽이소서.
> 그러면 나는 잠을 자고, 내킬 때 물을 마시러 갈 수 있을
> 겁니다.

클로디어스가 그랬듯 용도 구원의 길이 어디 있는지, 무엇이 자신을 옭아매는지 정확히 안다. 그러나 그것이야말로 그가 절대로 포기할 수 없는 바로 그것이었다. 남이야 그것을 '탐욕'이라는 안 좋은 이름으로 부르지만, 본인으로서는 그것이 없으면 죽을 것 같으니 어쩌겠는가. 저도 살겠다고 하는 일이라는 거다. 기도를 드릴 줄도 아는 '신심이 있는 용'(!)이지만, 이 용이 믿는 진짜 신은 황금이었다. 그래서 성경은 탐욕을 우상숭배라 했다.

소년, 용이 되다

루이스의 판타지 〈나니아 연대기〉에서 최고의 악동이 5권 《새벽 출정호의 항해》에 등장한다. 유스터스 스크러브. '친구가 한 명도 없는 아이. 남들 앞에서 으스대거나 약한 사람을 못살게 굴기 좋아하는 아이'다. 유스터스는 사촌 루시, 에드먼드와 함께 마법의 힘으로 액자 속으로 빨려 들어가 나니아의 왕 캐스피언의 배 새벽 출정호 항해에 동참하게 된다. 유스터스의 고약한 성미가 얼마나 대단했던지, 그가 친구들과 함께 노예 사냥꾼에게 잡혀 노예시장에 팔리는 신세가 되었을 때도 아무도 유스터스를 데려가겠다는 (심지어 다른 노예에 덤으로 얹어 주겠다고 해도!) 사람이 없어 노예상인들에게조차 처치 곤란의 존재가 되었다.

유스터스는 폭풍우를 만나 엉망이 된 새벽 출정호를

수리하는 작업에 끼지 않으려고 몰래 숲속으로 숨어들었다가 길을 잃고 용의 동굴에 들어가게 된다. 그리고 용의 동굴에 가득 들어 있는 보물들에 욕심을 내어 팔찌를 차고 다이아몬드를 호주머니에 가득 채우고 잠이 든다.

잠에서 깨어난 유스터스는 자기 앞에 용의 발이 있고 눈앞에서 용이 내뿜는 것과 같은 두 줄기 연기가 나오는 것을 보고 기겁을 한다. 용이 바로 옆에 있는 줄 알고 겁을 먹었던 유스터스는 그 용이 바로 자신임을 깨닫고 눈물을 흘린다. "유스터스는 잠을 자는 동안 용이 되어 버렸다. 마음속에 용과 같은 생각을 품고 탐욕스럽게 용의 보물 동굴에서 잠을 자다가 유스터스 자신이 그만 용이 되어 버리고 만 것이다."

그리고 처음으로 유스터스는 다른 사람들이 나쁜 사람들이 아니라는 것을 깨닫고, "평소에 늘 생각하던 것과 달리, 자신이 그렇게 좋은 사람은 아니었을지도 모른다는 의문이 비로소 고개를 들었다." 용으로 변한 유스터스는 성격이 눈에 띄게 좋아졌다.

그러나 자신의 모습에 진저리를 쳤다. "거대한 박쥐 모양의 날개, 톱날처럼 삐죽삐죽 튀어나온 등줄기, 무시무시하게 구부러진 발톱이 증오스러웠다." 그런 모습으로 지내는 것은 참으로 우울한 일이었다. 그러나 유스터스를 절망에서 구해 준 것은 '남들에게서 사랑을 받는다는 (유스터스에게는 꽤 새로운) 기쁨, 그리고 그보다 남들을 사랑하는 기쁨'이었다.

용이 사람이 되는 법

유스터스는 용이 된 자신의 모습을 직시했고 나름대로 변화된 모습으로 살고자 했다. 그러나 용의 모습으로 새벽 출정호와 함께 갈 수는 없었다. 무엇보다 항해 중에 그의 먹이를 어떻게 조달해야 할지 답이 없었던 것이다. 열심히 사는 용, 착한 용으로는 충분하지 않았다.

그런 유스터스에게 나니아의 창조자이자 구원자인 사자 아슬란이 나타난다. 아슬란은 유스터스를 우물로 데려가 옷을 벗으라고 한다. 유스터스는 뱀이 껍질을 벗듯이 용 껍질을 벗겼다. 그러나 다시 보니 여전히 자신은 딱딱하고 거칠고 쪼글쪼글한 비늘로 덮여 있었다. 그렇게 세 번이나 껍질을 벗긴 후, 유스터스는 그래서는 소용이 없다는 것을 깨닫게 된다.

그러자 사자 아슬란이 유스터스에게 말한다. "네 옷은 내가 벗겨야 한다." 그리고 유스터스는 사자의 발톱에 몸을 맡긴다. 사자의 발톱은 "정말이지 태어나서 그렇게 아파 보긴 처음이었다"고 말할 만큼 아프게 껍질을 벗겨냈고, 유스터스는 사람으로 돌아왔다. 그리고 사자는 유스터스에게 옷을 입혀 주었다.

이후 유스터스는 어떻게 되었을까? 저자 루이스는 상황을 이렇게 정리해 준다. "'그 시간 이후로 유스터스는 다른 남자아이가 되었다'라는 말은 반가운 말이었고, 또 거의 사실에 가깝다고 할 수 있었다. 아주 정확히 말하자면, 유스터스는 다른 남자아이가 되어 가는 중이었다. 물론 가끔씩 예전의 유스터스로 되돌아갈 때도 있었으며, 여전히 사람들을 못살게 구는 날도 적지 않았다. 그러나 그런 것들은 별로 주목할 만한 것이 못 된다. 유스터스의 됨됨이는 이미 나아지고 있었기 때문이다."

내가 너를 불렀다

《나니아 연대기》 6권 《은의자》에서 유스터스는 친구 질과 함께 아슬란의 부름을 받고 캐스피언 왕의 실종된 아들 릴리안 왕자를 구하는 임무를 부여받는다. 결국 그의 모험은 나니아를 결정적인 위기에서 구해 내는 성과로 이어진다. 7권 《마지막 전투》에서는 나니아의 마지막 왕 티리언 왕과 더불어 나니아의 적들과 용감하게 맞서 싸우는 그의 모습을 볼 수 있다. 한마디로 유스터스는 《나니아 연대기》 시리즈의 후반부에서 핵심적인 인물이다.

처음에 유스터스는 그냥 재수 없고 고약한 아이였지만, 그리고 캐스피언 왕자가 주도한 새벽 출정호 항해에 민폐만 끼치는 것 같았지만 그것이 전부가 아니었다. 방학을 맞아 유스터스의 집에 루시와 에드먼드가 머물게 된 것부터 세 사람이 나니아로 가서 여러 사람을 만나고 온갖 경험을 하게 된 것까지 어느 하나 우연이 아니었다. 특히 유스터스가 유스터스답게 용의 섬에서 농땡이를 치고 욕심을 부리다가 용이 되어 자신의 실체를 직시하게 된 것도, 그래서 용의 껍질을 벗기는 시도를 한 끝에 아슬란에게 자기 몸을 맡기기에 이른 것도 다 유스터스를 '사람 만드는' 과정이었다. 그 과정을 거친 끝에 비로소 유스터스는 아슬란이 나니아를 구원하기 위해 쓸 만한 재목이 될 수 있었다. 유스터스의 모든 행보는 그를 불러 사명을 맡기는 아슬란의 계획 아래 있었던 것이다.

두 마리의 용이 있었다. 한 마리는 탐욕에 사로잡혀 잠도 못자고 겨울철에는 딱 한 번 동굴에서 나와 웅덩이에서 물을 마신다. 여름철에는 두 번. 보물을 가지고 장식을 할 것도 아니고 다른 것으로 바꿔 쓸 것도 아니니, 아무짝에 쓸모가 없는 보물 따위 다른 용이나 인간들이 가져가건 말건 물 마시러 가면 될 것 같은데 그게 안 된다. 그리고 "나 잠도 좀 자고 물도 좀 마시게 다른 놈들 다 죽여 주시오" 하고 하염없이 앉아 있다. 자신의 실체와 문제를 직시하면서도 그냥 그렇게 살겠다고 악착같이 버틴다. 유스터스 용도 자신의 실체를 직시한다. 그리고 거기서 벗어나기를 구하고 껍질을 벗으려고 노력해 보지만 포기하고 절대자의 도움을 받아들인다. 그리고 한 나라를 구하는 데 쓰임받는다.

주위를 둘러보면 사람의 탈을 한 용이 많이 보인다. 헉, 내게도 용 같은 면모가 얼핏얼핏 보인다. 혹시 당신도 용인가? 그래도 절망할 것 없다. 어차피 지금 있는 자리는 출발점일 뿐, 자신의 실체를 직시하고 어떤 선택을 내릴 것인가에 따라 전혀 다른 용생龍生이 펼쳐질 테니.

9
순례자의 문제

아주 오래전, 군 입대를 앞두고 외삼촌 댁을 찾아갔다. 그때 외삼촌이 본인의 매형에 대해, 그러니까 내 아버지에 대해 이런 취지의 말씀을 하셨(던 것으로 기억에 남아 있)다.

"네 아버지가 평생 교회 말고 다른 곳에 한눈 판 적 있느냐? 그 정도로 열심히 신앙생활을 했으면 하나님이 잘 챙겨 줘야 할 것 아니냐? 그런데 말이다. 그렇게 온몸 바쳐도 별로 신통하게 돌봐 주는 것 같지가 않아. 그냥저냥 먹고 사는 정도잖아. 그 정도의 하나님이라면 무슨 소용인가 싶다. 난 별로 믿고 싶지가 않구나."

하나님이 그분을 믿는 사람을 제대로 챙겨 주지 않는 시원찮은 주인이라는 외삼촌의 말을 들으며 생각했다. 하나님은 과연 아버지를 책임지지 않으셨는가? 아버지를 불러내시고 나 몰라라 하셨는가? 아버지가 하나님을 믿은 것은 심하게 말하면 속은 것이었을까?

하나님이 무엇을 약속하셨는가? 아버지는 무엇을 기대하고 하나님을 믿었던 것일까? 그리고 그 약속이 지켜졌는가? 결국은 이 세 가지로 판단해야 할 문제이다. 외삼촌은 이 세 가지 모두에 무지했고 관심도 없었다. 기복주의로 짐작되는 자신의 선입견에 철저히 갇힌 눈으로 아버지를 보고 판단하고 평가절하할 뿐이었다.

내가 알기로 아버지는 천국과 영생의 약속을 믿고 하나님께 나아왔고 늘 함께하신다는 하나님의 약속을 의지하여 직장과 가정, 교회에 충실하셨다. 아버지라고 부족한 부분이 왜 없었겠느냐마는, 그래도 자신의 한계 내에서 범사에 하나님께 기도하고 하나님을 의뢰하며 살아가고자 노력한 평생이었다. 그런 '계약 조건'을 아는 내가 바라볼 때, 아버지의 신앙 인생은 그리 나쁘지 않았고, 하나님은 그의 인생에 신실하게 함께하셨고, 지금도 그렇다고 말할 수 있을 것 같다. 내가 볼 때 아버지는 속지 않았고, 아버지가 인생을 맡긴 하나님은 그분의 약속을 지켜오셨다. 그것은 꽤 괜찮은 선택이었다.

순례자의 문제

기독교인이 되고자 하면서 성도가 기대할 만한 것들 중에는 약속으로 주어진 바 없는 이질적인 것(부귀영화, 만사형

통, 치유, 자녀 성공 등)도 있지만, 기독교인에게 약속된 것들 즉, 기독교인이 당연히 기대할 만한 것들도 있다. 예를 들면 하나님을 닮은 사람으로 성장하는 것, 그리스도의 장성한 분량에 이르는 것, 성령의 아홉 가지 열매를 맺는 것 등은 어떤가. 그런 것들은 충분히 기대할 만한, 아니 기대해야 마땅한 사항이 아니던가. 그런 기대를 품는 것은 다른 엉뚱한 것을 바라는 것과는 다르지 않은가? 오랜 신앙생활에도 불구하고 이 부분에서 도무지 진전이 없다면(오히려 퇴보하는 것만 같다면!), 그건 뭔가 크게 잘못되었다는 뜻일 수 있지 않을까? C. S. 루이스는 이와 비슷한 고민이 담긴 것으로 보이는 시를 남겼다. 그의 목소리를 한번 들어보자.

순례자의 문제

C. S. 루이스

지금쯤이면 늦은 오후에 이르게 된다던,
전체 여행길의 최고 단계에 들어섰어야 한다.
열기는 이제 식을 때도 되었다. 근심의 산,
숨 막히는 골짜기와 햇볕에 달궈진 암석들은 다 지난
일이 되었어야 한다.

모든 것이 순조롭다면 이제, 아니면 이제 곧
관조觀照의 숲 아래, 거품도 일으키지 않고 유유히

흘러가는 명확성의 도도한 강이 나올 것이다.
풀이 무성한 숲속 빈터에 겸손이
눈을 반짝이고 촉촉하고 차가운 코를 킁킁대며 나타나
꽤 온순하게 내 은둔의 손에서 빵을 받아먹을 것이다.
폭풍이 일면 불굴의 내 탑을 피난처로 삼을 텐데,
지금쯤 시야에 들어왔어야 할 그 탑이 아직 보이지
않는다.
내가 기대했던 것은 옅은 고등어 빛 하늘이
낮은 구름을 털어 깃털처럼
은빛 절제의 빛 방울들을 떨어뜨리고, 클로버 가득한
땅이
정절의 안개와 산 내음을 피워 올리는 것.
그리하여 마침내 그렇게 확고부동한 하늘에서 성실한
별들이 환히 빛나
꿋꿋함과 정의를 드러내고, 시냇물 소리가 들리고, 나의
안식이 보장되는 것.

이와 같은 것은 하나도 보이지 않는다. 지도가 잘못된
걸까?

    1952년에 쓴 이 시에서 루이스는 인생의 순례길이 생각과 다르게 펼쳐지는 것에 대한 당혹감을 토로한다. 순례

길이 하룻길이라고 가정할 때, 그는 늦은 오후면 성숙의 최고 단계에 도달할 줄 알았다고 한다. 세상을 투명하게 관조하게 되고 명확하게 이해하게 되며, 겸손이 다가오고 폭풍이 일어나도 흔들리지 않고 절제와 정절이 몸에 배며, 꿋꿋함과 정의가 모습을 드러낼 줄 알았다.

정말 아름다운 그림 아닌가. 부자가 되게 해달라는 것도 아니고, 권력이나 명예를 원하는 것도 아니다. 참으로 바랄 만한 귀한 것들만 기대하고 나름 열심히 걸어왔다. 그런데 그런 것은 보이지 않는다고 한다. 성장은 생각보다 눈에 보이지 않고 변화는 기대에 못 미친다. 어떻게 된 일일까? 여기서 루이스는 여행길을 떠난 사람이라면 당연히 떠올릴 의문을 제기한다. 혹시 지도가 잘못된 것일까? 루이스는 그럴 수도 있다고 인정하면서도 노련한 여행자의 혜안을 빌려 다른 가능성에 주목한다. 〈순례자의 문제〉는 이렇게 마무리된다.

> 지도가 잘못된 것일 수도 있다. 하지만 노련한 여행자는 안다.
> 그보다는 다른 설명이 옳을 때가 더 많다는 것을.

그럼 순례자의 문제에 대한 루이스의 '다른 설명'이 무엇일지 생각해 보자.

형편없는 기계

루이스는 《순전한 기독교》에서 그리스도인이 비그리스도인보다 호감을 주지 못하는 이유를 묻는다. 그리스도인이라는 사람들이 그 정도라면 거기에 뭐 대단한 것이 있겠느냐는 질문이다. 여기에 답하는 과정에서 루이스는 공장의 비유를 든다. A와 B 두 공장의 생산량만 놓고 보면 B 공장이 훨씬 많다고 하자. 그러면 당연히 A 공장 사람들은 열심히 일하지 않거나 무능하다고 생각할 수 있다. 하지만 공장의 경영 성과를 평가하려면 생산량뿐 아니라 설비도 고려해야 한다. A 공장이 생산량이 적어도 설비가 엉망인 것을 고려하면 그 정도 생산하는 것은 놀라운 일일 수 있고, B 공장의 생산량이 많아도 뛰어난 장비를 고려하면 기대에 못 미치는 결과일 수 있다는 것이다.

우리는 흔히 성격과 성향이 인간의 본질적인 부분이라고 생각하지만, 루이스는 하나님이 그것들을 우리와 다른 눈으로 보신다고 주장한다. 우리는 성격이 좋고 낙천적인 것이 나의 본질이라고 생각하지만, 루이스는 그것이 사실은 소화가 잘되는 무난한 몸을 가진 결과일 수 있다고 말한다. 그러면서 호감을 주는 유형의 사람들에게 경고를 전한다. 하나님이 자연을 통해 주신 선물을 자신의 장점으로 착각한다면 그것이 오히려 큰 재앙을 낳을 것이며, 하나님은 많이 받은 자에게 많이 찾으실 거라고. 많이 받은 선물을 자기가 잘난 탓으로 오해하고 교만해져 하나님으로부터 멀어진다면, 그것은 오히려 저주가 될 것이다. 사탄이 바로 그런 존재가 아닌가.

그러면서 루이스는 '가난한' 사람들에게 격려를 전한다. "저속한 질투와 몰상식한 다툼투성이였던 집에서 비참하게 자라 거기에 물든 사람이라면, 자기 뜻과 상관없이 혐오스러운 성도착증에 사로잡혀 있는 사람이라면, 밤낮없이 열등감에 시달린 나머지 제일 친한 친구한테조차 딱딱거리는 사람이라면 절망하지 마십시오." 그는 그것이 오히려 축복이라고 선언한다. "하나님은 여러분이 형편없는 기계를 돌리려고 애쓰고 있다는 것을 알고 계십니다. 그러니 계속 노력하십시오. 여러분이 할 수 있는 일들을 하십시오."

우리가 '가난한' 사람이라면 열심히 노력해도 그 결과가 신통치 못할 수 있다. 늘 제자리를 맴도는 것 같고, 오히려 뒷걸음질하는 것 같은 답답함과 한심한 생각이 들 수 있다. 하지만 세상은 결과에만 주목해도 하나님은 본질을 꿰뚫어 보실 것이다. 모든 것을 참작해서 판단하실 것이다. 게다가 우리가 겪는 숱한 좌절과 더딘 걸음은 우리를 겸손과 믿음, 그리고 다른 사람들에 대한 뜨거운 연민으로 이끌 수 있다. 그렇게 보면 우리의 자연적인 성격과 성향, 능력은 모두 출발점에 불과하다.

눈이 먼저 높아진다

번역 이야기를 좀 해보려 한다. 몇 년 전, 번역으로 먹고산 지 만 10년 차에 한번 정리해 보았다. 10년을 번역했으니 통달하게 되었는가 하고. 처음 번역을 시작할 때는 10년쯤 열심히 하면 척척, 술술 해낼 수 있을 줄 알았다. 막히는 문장이 없고 척 보면 한글 문장이 술술 쏟아질 거라 '내심' 기대했다. 번역 속도가 엄청나게 빨라질 줄 알았다. 10년쯤 지나면 번역에 품이 좀 덜 들고 신경을 덜 써도 될 줄 알았다.

하지만 번역 속도는 빨라지지 않았다. 왜 그럴까? 분명히 작업에 익숙해지고 공정도 정리가 되어 빨리 진행되는 부분도 있을 텐데. 곰곰이 생각해 보니 무엇보다 눈이 높아진 탓이 큰 것 같았다. 보는 눈이 높아지니 번역의 결과물을 더 깐깐하게 검토하게 된다. 예전 같으면 그냥 넘어갔을 법한 문장들도 어김없이 재검의 대상이 된다.

10년 차가 되어도 여전히 번역은 신경을 바짝 쓰고 머리를 쥐어짜야 할 일이다. 토끼 한 마리를 잡을 때도 최선을 다한다는 사자의 절박한 심정으로. 다만, 안 되고 막히는 부분이 나올 때 어떻게 하면 되는지, 어디서 힘을 쏟고 어디서 힘을 빼고 가도 되는지 판단할 수 있게 되었다. 전체를 조망할 여유가 생긴 탓이리라. 10년 경력은 내가 기대했던 내공을 선사하지는 않았으나, 이 일을 조금 더 즐겁고 충실하게 오랫동안 지속할 수 있는 노하우와 역량을 제공했다. 어쩌면 그것이 더 중요하고 좋은 것인지도 모르겠다.

인생도 비슷하지 싶다. 시간이 가고 나이를 먹으면 저절로 어른이 되고 어른다워진다면 얼마나 좋으랴만, 그런 부분은 생각보다 적을지도 모른다(눈이 높아졌기 때문에 그렇게 느껴지는 것일 수도 있다). 그러나 싸움을 계속한다면 뜻밖의 성과도 있을 것이다. 예를 들어, 루이스는 자신이 첫 번째로 다닌 기숙학교 교장 올디를 용서하려고 오랫동안 노력했다. 나중에 정신병자로 밝혀진 올디는 루이스에게 큰 고통과 상처를 주었다. 그런데 루이스가 남긴 편지를 보면 수십 년이 지난 어느 날, 올디를 이미 용서한 자신을 발견했다 한다.

실력이건 성품이건 실제로 나아지기 전에 눈이 먼저 높아진다. 그렇기 때문에 자신의 부족한 부분이 더욱 잘 들어온다. 거룩해질수록 자신의 불결함을 깨닫게 된다. 악인은 자신의 잘못을 도무지 깨닫지 못한다. 인생길에서 어떤 전진을 경험한 사람이라면 그는 오히려 자신의 부족함을 깨닫게 될 것이다.

루이스는《개인 기도》에서 자신의 부족한 모습에 짜증을 내서는 안 된다고 조언한다. 그리고 하나님보다 더 높은 기준으로 판단하려 들면 안 된다고 지적한다. 선해지고 깨끗해지려는 교만도 있을 수 있다고 말한다.

지도를 따라가지 않았다

　루이스는 여기에 해당하는 것 같지 않지만, 지도를 따라가지 않고 다른 길로 들어섰을 가능성도 생각할 수 있다. 그럴 경우 지도에 나온 지형지물이 모습을 드러내지 않을 것은 당연한 일. 그때 어떻게 할 것인가. 당연하다. 현실을 직시하고 잘못 들어선 길에서 벗어나 다시 제대로 된 길로 들어서야 한다. 돌아가야 할 길이 아무리 멀다 해도 말이다. 무엇보다 포기하고 주저앉지 않는 것, 순례를 때려치우지 않는 것이 중요하다.

　《보바리 부인》의 주인공 엠마는 낭만적인 결혼 생활을 꿈꾸었으나 현실은 그런 꿈과 거리가 멀었다. 그녀는 따분하고 무료한 일상을 견디지 못하고 낭만적인 연애와 도피를 꿈꾼다. 그래서 이런저런 남자들과 불륜을 저지르고 허영을 채우기 위해 사채를 쓰다가 결국 애인에게 버림받고 빚을 주체할 수 없는 상황에 이른다. 강렬했던 일탈과 사채에 기댄 과소비의 결말은 감당하기 버거운 현실로 다가왔다. 세상살이가 뜻대로 되지 않고 엉망이 된 상황을 수습할 가망이 없다고 판단한 그녀는 비소를 들이켜 제 손으로 세상과 하직한다.

　그런데 밀턴의 《실낙원》을 보면 아담과 하와도 비슷한 유혹을 받는다. 일을 그르친 것으로 치면 아담과 하와만 한 사람들이 어디 있겠는가? 그들은 전 인류의 대표자로서 이후의 모든 후손의 인생을 망쳐 놓았다는 생각이 들지 않았겠는가? 그런 상황에서 하와는 자포자기한 것 같은 제안을 내놓는다. "고난을 받으려 태어나 결국은 죽음의 먹이가 될/ 그들(우리 자손)…을 수태하기 전에, 아직 생기지 않은 불행한 그 족속을 낳지 않게 함은 당신의 힘으로 가능하리다./ 당신께 아이 없으니/ 아이 없이 지냅시다. 그러면 죽음은 포식을/ 허탕 치고 우리 둘로써 그 굶주린 배를 채우려 하리이다(실낙원 제10편 980-981, 985-990)."

그런데 서로 애정을 표현하지 못하여 안타깝고 괴로우면 어떡하나? "그때는 우리 자손과 후손을 모두 즉시/ 두려움의 원인으로부터 해방시키기 위하여/ 당장 죽음을 찾을 것이며, 만약 찾지 못하면,/ 우리 손으로 죽음의 임무를 수행합시다(997-1000)."

피임 내지 자살로 자기 대에서 모든 것을 끝내 버리자. 하지만 그것은 애초의 잘못보다 훨씬 더한, 회복할 수 없는 일들을 저지르자는 유혹이었다. 아담은 그 유혹을 단호하게 거부한다. "그렇게 해서 강탈한 죽음은 정해진 죄로 갚아야 하는/ 고통에서 우리를 풀어 주지 않으리라는 것이오./ 오히려 이런 배신행위는 지존에게 도전하는 결과가 되고, 죽음을 우리 속에 살려 두게 할 것이외다(1025-1026)."

그렇게 되면 하나님이 그 상황을 반전시키실 기회가 사라지게 될 터였다. 하나님이 악에서 선을 이루시고 인류를 회복시키시고 구원하여 영광 받으실 길이 막혀 버릴 터였다. 다행히, 아담과 하와는 하나님의 처분에 자신들을 맡겼다. 그리고 하나님의 은혜를 구하며 그분이 허락하시는 동안 그 길을 끝까지 걸어갔다.

1942년의 루이스가 10년 후의 루이스에게

루이스는 1898년에 태어나 1963년에 죽었다. 〈순례자의 문제〉를 쓴 해인 1952년이면 그의 경력이 정점에 이른 시기이다. 학자로서는 영국왕립문학협회 회원으로 진작 선출되었고, 기독교 변증가로서는 〈타임〉지 표지를 장식한 지 오래였으며 《순전한 기독교》도 나왔고, 문학가로서는 〈나니아 연대기〉가 한창 출간 중이었다. 하지만 그의 가정생활은 달랐다. 얼마 전까지는 노쇠해 가는 무어 부인(무어 부인은 51년에 죽었다)을 돌봐야 했고, 주기적으로 폭음을 일삼아 병원으로 실려 가는 알코올중독자 형을 챙기느라 버거웠다.

학교생활도 만만치 않았다. 유명한 기독교 변증가인 그에게 학내 분위기는 우호적이지 않았고 정교수직을 얻지 못하는 좌절을 거듭 맛보아야 했으며 전후 밀려드는 학생들을 가르쳐야 하는 부담도 과중했다. 그 모든 일을 겪으면서 〈순례자의 문제〉가 노래하는 의연함과 당당함을 느끼지 못하는 것은 어쩌면 당연한 일인지도 모른다. 그런 루이스에게 뭐라고 말해 주면 좋을까? 1942년에 루이스가 다른 사람에게 쓴 편지에서 내놓은 조언을 10년 후의 그에게 들려주어도 좋을 것 같다.

> 저도 잘 압니다. 고질적인 유혹을 극복하기란 참으로 절망적인 일이지요. 하지만 구겨진 자존심에서 나온 조바심, 또 실패했다는 짜증, 안달 등으로 무너지지만 않는다면 그리 심각한 상황은 아닙니다. 아무리 많이 넘어진다고 해도 그때마다 계속 마음을 다잡고 일어난다면 파멸하지 않습니다. 물론 집에 도착할 무렵이면 우리의 몸은 온통 진흙 범벅에다 옷도 너덜너덜해 있겠지요. 그러나 집 안에는 목욕물이 준비되어 있고, 수건이 걸려 있고, 갈아입을 깨끗한 옷도 선반에 놓여 있습니다. 치명적인 잘못은 하나뿐입니다. 분통을 터뜨리며 다시 일어나 길을 계속 가기를 포기하는 것이지요. 몸에 묻은 흙이 시야에 들어온다는 건, 하나님이 우리 안에 더없이 분명히 계시다는 의미입니다. 하나님이 함께하신다는 가장 확실한 증표입니다.
>
> ―《당신의 벗, 루이스》(1942년 1월 20일)

10
루이스,
허무에 답하다

　세상만사가 허무하게 느껴질 때가 있는가? 늘 목적의식과 삶의 충만함을 느낀다면 좋겠지만, 혹시 그렇지 못할 때는 없는가? 하는 일이 다 덧없게만 느껴질 때 어떻게 대처하는가? 이번 장에서는 루이스와 함께 허무(감)에 대해 생각해 볼까 한다. 그의 독특한 접근 방식이 몇 사람에게나마 조금이라도 도움이 된다면 좋겠다. 그럼 이 글은 헛되지 않을 것이다.

허무에 대하여

　루이스는 자신의 경험을 소개하며 '허무에 대하여'(《기독교적 숙고》에 실려 있다)라는 에세이를 시작한다. 제2차 세계대전 당시 그는 한 노동자와 배울 만큼 배운 한 남자와 함께 국토방위군(전시의 민방위와 비슷하다) 순찰을 하고 있었다. 배운 남자와 루이스는 "이 전쟁이 궁극적으로 무력 충돌을 종식시킬 거라고 기대하지 않으며, 전반적으로 인간의 불행은 사라지지 않을 거라는" 이야기를 나누었다. 이 말을 듣고 노동자는 루이스가 결코 잊지 못할 만한 반응을 보여 주었다.

그 노동자는 걸음을 멈추고 달밤에 최소한 일 분 동안을 꼼짝도 않고 서 있었다. 그리고 생전 처음 접하는 이런 생각에 잠시 멍해져 있다가 마침내 침묵을 깨고 말했다. "그렇다면 이 빌어먹을 세상이 계속되는 게 무슨 소용이 있단 말입니까?"

놀란 노동자를 보고 루이스도 그 못지않게 놀랐다. "이 빌어먹을 세상이 계속되는 것이 무슨 소용이 있는지" 그 나이가 되도록 한 번도 의심해 보지 않았다는 것이 그로서는 상상도 못할 일이었던 것이다. 루이스는 여기서 더 나아가 "전쟁 혹은 앞으로의 평화를 위협하는 그 외의 전망"처럼 "지엽적이고 일시적인 사실"에만 근거하여 허무를 두려워하는 것은 현실을 제대로 보지 못한 것이라며 "그보다 훨씬 깊고 근본적인 허무"가 있다고 지적한다.

그가 말하는 것은 우주적인 허무다. 세상이 발전하고 진화한다는 대중적 진화주의에 가려져서 대중들이 보지 못하는 우주적인 허무. 개인은 물론, 인류 전체도, 아니 생명의 역사 자체가 "우주의 역사에서 잠시 번쩍이는 번개에 불과하다." 결국 멸망할 것, 다 사라질 것 아닌가. 그렇다면 무슨 소용인가. 결국 다 잊히고 말 텐데 하는 인식에서 오는 허무.

루이스는 이것이 혹시 인간이라는 종種 특유의 감정에 불과할 수도 있지 않겠느냐는 반론을 제기한다. 인간은 자신에게 쓸모가 있는지 여부로 가치를 판단하는 습관이 있기에, 우주가 허무하다, 무익하다는 인간의 반응은 인간이 어떤 존재인지 보여 줄 뿐이지 않느냐는 것이다. 그리고 "인간의 생각은 순전히 인간적인 것에 불과하다"는 관점, "인간의 생각은 옳지 않으며, 실재를 반영하지 않는다"는 생각에 문제를 제기한다. 루이스의 사상에서 빼놓을 수 없는 중요한 통찰인 '이성논증'(이 책의 20쪽 참조)이다.

그거야 당신이 남자라서 하는 말이지!

앤터니 플루(Antony Flew, 1923-2010)는 20세기 무신론의 철학적 대부라고 할 만한 사람이었는데 말년에 철학적 입장을 바꿨다. 신이 있다는 쪽으로(그의 입장은 '이신론'에 가깝다. 모든 것의 원인으로서의 신을 믿는 것이지 인격적인 신을 믿는 것은 아니라고 밝혔다). 그래서 유신론과 무신론 철학계 양 진영에서 모두 난리가 났단다.

지지하는 쪽은 "증거가 이끄는 대로 따라간 끝에 이른 논리적 결론, 용감한 선택"이라고 추켜올렸다. 반대하는 쪽은 "나이가 들어서 판단력이 흐려졌다", "죽을 때가 되니 겁이 났다"는 식으로 나왔다. 지지하는 쪽은 "본인의 내적 논리와 이성적 추론에 따른 결론이다"라고 말하는 반면, 반대의 진영은 외적인 상황이나 다른 감정(두려움) 등을 원인으로 몰아가고 싶어 했다.

앤터니 플루의 결정이 이성적인 논증에 따른 결론이라면 의미가 있으나, 외부의 강제나 두려움 같은 비이성적 감정과 외부적인 원인에 따른 결과로 다 설명이 되는 결론이라면 무가치하다는 생각이 깔려 있음을 알 수 있다. 이 말이 무슨 뜻인지, 루이스가 만든 재미있는 용어를 살펴보면 훨씬 실감이 날 것이다.

《피고석의 하나님》에 실린 글 '불버주의'에는 불버라는 사람이 등장한다. 루이스가 만든 가상의 인물이다. 그런데 불버는 20세기의 사상적 흐름을 대표하는 생각을 가지고 있다. 그는 어느 날 부모님이 나누는 대화를 듣고 득도得道를 하게 된다. 두 분의 대화를 소개한다.

아버지 왈. "삼각형의 내각의 합은 180도야."

어머니, 이렇게 쏘아붙이신다. "그거야 당신이 남자라서 하는 말이지!"

어머니의 대꾸를 듣던 불버는 커다란 진리를 깨닫는다. '아, 상대의 주장을 반박할 필요가 없구나. 그냥 이런 저런 외적인 원인을 갖다 붙이면 상대의 주장을 간단히 무시할 수 있구나.'

"당신은 자본주의자(우울증 환자, 남자, 여자)이기 때문에 (원인과 결과) 그렇게 말하는 거야." 상대의 논증의 정당성을 부정할 때 쓰는 말이다. 논리적 근거가 없어도 그런 결과가 나올 수밖에 없다는 거다. 우리가 이렇게 많이 한다. 그것이 유효할 때도 많다. 솔직히, 우리가 대부분 이해관계에 따라 움직이고, 각기 생물학적, 사회적 한계에 매여 사는 존재인 것도 사실이니까.

빅터 레퍼트는 루이스의 이성논증을 발전시켜 박사논문을 썼다. 그 내용을 정리해서 낸 책이 《C. S. 루이스의 위험한 생각》이다. 그는 루이스의 이성논증을 다음과 같이 정리했다.

1. 이성과 무관한 원인으로 설명이 다 된다면 이성적으로 추론된 믿음이 아니다.
2. 유물론(자연주의)이 옳다면, 모든 믿음이 이성과 무관한 원인으로 설명이 된다.
3. 그러므로 유물론이 옳다면, 어떤 믿음도 이성적으로 추론된 것이 아니다.
4. 어떤 믿음도 이성적으로 추론된 것이 아니라고 주장하는 명제는 거부되어야 한다.
5. 그러므로 유물론은 거부되어야 한다.

가라앉는 배에서 내린 사정

'허무에 대하여'로 돌아가 보자. 루이스는 우주에 대

한 지식을 가능하게 만드는 추론의 유효성에 근거하여 궁극적 실재가 논리적인 것이라고 논증한다. 그리고 인간의 가치 관념이 인간의 논리와 동일한 선상에 있음을 밝힌다. 기준이 있어야 옳고 그름을 말할 수 있는 법. 가치와 선악에 대한 기준이 원칙적으로 유효하다고 인정하지 않으면, 그것이 우리 자신의 기준 이상의 것이라고 인정하지 않으면, 그 기준을 사용할 수도 없다. "누군가를 잔인하다거나 게으르다고 하는 것은 그 기준으로 친절 혹은 부지런함을 알기 때문입니다. 이와 같은 비난을 하는 동안에는 그 기준을 유효한 것으로 받아들일 수밖에 없습니다."

그래서 그는 이런 결론을 내린다. "우주를 허무하다고 보는 우리의 인식과, 우리의 손이 닿는 우주의 일부나마 덜 허무하게 만들어야 한다는 우리의 의무감은 둘 다 실은 우주가 전혀 허무하지 않다는 신념을 나타냅니다." 우주가 허무하다는 생각을 놓고 루이스의 논리를 따라가 보니 우주가 허무하다는 그 생각이 바로 우주가 허무하지 않다는 결정적인 증거임이 드러난 것이다.

그런데 논리적 추론에 의거하여 "우주에 아무런 정신도 가치도 없다고 하는 생각은 어느 지점에서는 버릴 수밖에 없다"는 결론에 이르는 그의 논증은 루이스 본인이 직접 겪었던 일의 간증이기도 하다. '신학은 시인가?'(《영광의 무게》에 실려 있다)라는 에세이에서 루이스는 기독교 신학이 옳다고 믿기 오래전부터 유행하는 과학적 세계상이 틀렸다는 판단을 내렸다고 한다. 그 판단의 핵심적인 근거가 바로 이성논증이다. 그 신봉자들은 자신들의 세계상이 "관찰된 사실들로부터 추론된 결과물이라고 주장하고 있습니다. 이 말은 추론이 정당하지 않다면, 그 세계상 전체가 설 자리를 잃게 됨을 뜻합니다. … 만약 정신이 뇌에 전적으로 의존하고, 뇌가 생화학에, 생화학이 (결국) 원자들의 무의미한 흐름에 완전히 의존한다면, 저는 그 정신이 하는 생각에 나무 사이로 부는 바람 소리 이상의 중요성을 부여해야 할 어떤 이유도 찾을 수 없습니다."

그의 결론은 "과학적 세계상은 세상을 담아낼 수 없고 과학 자체와도 조화를 이룰 수 없다"는 것이다. 그리고 그와 다른 기독교 신학의 일관성과 설명력을 강하게 주장한다. 그 다음 유명한 다음 문장으로 '신학은 시인가?'를 마무리한다. "저는 태양이 떠오른 것을 믿듯 기독교를 믿습니다. 그것을 보기 때문만이 아니라 그것에 의해서 다른 모든 것을 보기 때문입니다."

전시의 학문

기독교 신자들에게는 근본적 허무, 우주적 허무에 대한 루이스의 답변이 뻔한 답을 길고 복잡하게 돌려 말한 것으로 보일 수도 있다. 하지만 이 에세이는 그리스도인만이 아니라 허무의 문제로 씨름하는 이들과 구도자들까지 뒤섞인 다양한 구성의 청중을 염두에 두고 쓴 것이다. 답을 안다고 해도 그 답이 어떻게 도출되었는지 알면, 그에 대한 확신과 이해가 깊어질 수 있다. 또한 아직 답을 찾지 못한 이들에게는 그런 논리적 탐구 과정 자체가 답으로 가는 안내가 될 수도 있다. 게다가 그런 탐구가 실제로 자신을 기독교로 이끈 길이었다는 루이스의 고백은 그의 말을 허투루 넘길 수 없게 한다.

"예수님께 나오십시오." 복음 전도자의 이 한마디에 마음이 열려 나온 사람이 제일 좋겠지만, 많은 이들이 그보다 훨씬 복잡한 과정과 고뇌와 좌절과 고민과 증거 검토와 추론을 거쳐야 한다. 멀찍이 돌아가서 같은 곳에 이른 사람의 입장에서는 억울할 수도 있지만, 그렇게 생각할 것 없다. 좀 헤맸으면 어떻고 둘러오거나 오다가 비틀거렸으면 어떤가. 결국 제대로 길을 찾았다는 것이 중요하지. 게다가 그렇게 여기저기 힘들게 둘러본 사람만이 비슷한 문제로 어려워하는 다른 이를 도울 수 있는 법.

그런데 설령 루이스의 논증에도 공감이 되고 고개가 끄덕여진다 해도 (혹시 그렇지 않다면 뼈대만 어설프게 간추린 이 글보다 훨씬 치밀한 그의 글을 직접 구해 보시길) 여전히 그 노동자의 고민에 심정적으로 끌릴 수 있다. '전쟁 혹은 앞으로의 평화를 위협하는 그 외의 전망'처럼 '지엽적이고 일시적인 사실'

에만 근거하여 허무를 두려워하는 것을 누가 나무랄 수 있겠는가. 또 보통 사람이라면 누가 그것을 두려워하지 않겠는가. 그리고 나는 '전시의 학문'(《영광의 무게》에 실려 있다)이라는 에세이에서 이 문제에 대한 루이스의 답변을 들을 수 있다고 본다.

'전시의 학문'은 전쟁이 벌어지고 있는 상황에서 옥스퍼드의 학생들과 학자들을 괴롭히던 의문과 자괴감에 답하는 강연이었다. 강연을 시작하며 그는 이렇게 묻는다. "세계대전이 벌어지고 있는 지금, 학문을 하는 것은 일견 이상해 보입니다. 마무리할 가능성이 거의 없는 임무를 시작하는 것이 무슨 의미가 있단 말입니까? … 친구들의 목숨과 유럽의 자유가 위기에 처한 상황에서 이런 한가로운 일에 관심을 가져야 할 이유가 있을까요? 아니, 어떻게 그럴 수 있을까요?"

이 질문에 대해서도 루이스는 허무에 대해 답할 때와 비슷한 접근법을 취한다. 인류가 처한 더 근본적인 상황으로 눈을 돌리게 하는 것이다. 인간은 천국과 지옥이라는 영원한 운명을 향해 가고 있으면서도 그에 비해 일시적이고 덜 중요해 보이는 온갖 문화와 예술, 학문을 하는 존재이다. 더 나아가 그리스도인도 여전히 사람이며 그리스도인이 되기 전에 하던 일을 계속하되, 하나님의 영광을 위하여 하는 존재인 것이다. 한마디로 "전쟁이 완전히 새로운 상황을 만들어 내지는 않는다. 원래부터 있던 상황이 더 이상 무시할 수 없을 만큼 악화될 따름"이다.

이렇게 기본적인 상황을 정리한 다음, 그는 어떤 사람에게는 학자로서의 일이 소명일 수 있으며, 평시에 그럴 수 있다면 전시에도 그럴 수 있다고 말한다. 그리고 전쟁이 학자들에게 세 가지 적을 보낸다고 말한다. 그중 하나가 '절망'이다. "마무리할 시간이 없을 거라는 생각"이다. 허무감이라고 할 수도 있겠다. 나라가 망해서 학문 활동이 불가능해질 수도 있고, 공부하다가 징집되어 전쟁터에서 죽을 수도 있으니 말이다. 지금 하는 활동이 그냥 허무하게 끝나 버릴 수도 있는데, 그럼 지금 하는 일들이 무슨 소용이 있겠는가 하는 생각이다.

여기에 대해 루이스는 학문 활동이 원래 그런 것이라고 대답한다. "누구도 마무리할 시간이 없고, 아무리 오래 연구한 학자라도 초보자 수준을 벗어나지 못한다"는 것이다. 그렇다면? 그는 미래를 하나님 손에 맡기라고 조언한다. "평시든 전시든, 미덕을 실천하고 행복을 누릴 시간을 미래로 미루지 마십시오. 장기 계획에 너무 얽매이지 말고 매순간 '주께 하듯' 일하는 사람이 무슨 일이건 기분 좋게 가장 잘 해냅니다. 주님은 우리에게 일용할 양식만 구하라고 하셨습니다. 현재만이 온갖 의무를 행하고 은혜를 받을 수 있는 시간입니다."

렘브란트의 촉구

철학자 니콜라스 월터스토프가 《월터스토프 하나님의 정의》에서 그리스도인이 정의를 위한 싸움을 어떻게 포기하지 않고 이어갈 수 있을지를 다루며 소개한 에피소드가 여기서도 유효할 것 같다. 프랑스의 사회학자이자 신학자인 자끄 엘륄은 어떻게 될 줄 모르지만 할 일을 한다, 그저 순종한다는 식으로 대답하는 데 반해, 월터스토프는 100퍼센트 확신할 수는 없지만 어느 정도 결과를 확인하면서 갈 수 있다고 말한다. 그러나 그렇다고 해도 개개인의 노력이 어떤 식으로 성과를 거둘지, 어떤 의미가 있을지는 알 수 없기에 흔들리고 회의감이 밀려들 수밖에 없다. 그런 이들을 격려하기 위해서 그는 렘브란트의 이야기를 꺼낸다.

렘브란트의 그림 중 상당수는 조수들이 그린 그림을 렘브란트가 마무리하는 식으로 이루어졌다고 한다. 그런데 렘브란트가 거의 손댈 필요가 없는 경우가 있는가 하면 완전히 새로 그리는 수준으로 손을 대는 경우도 있었다고 한다. 그런데 그것이 꼭 조수들이 시간을 많이 들이고 정성을 많이 쏟은 것과 비례하지 않았다는 것이다. 그런 상황에서 조수들이 '이렇게 수고하며 그림을 그리는 것이 무슨 소용인가' 하는 의문을 품은 것은 당연한 일이었다.

그런 그들에게 렘브란트는 자기처럼 그리기 위해 최선을 다하라고 강하게 촉구했단다. "나는 오랫동안 이 일을 해

왔다. 나를 믿어라. 너희들이 게으름을 피우도록 용납할 수 없다. 최선을 다하도록 하여라. 너희가 하는 일은 나의 작업을 위해 중요하다. 나를 믿어라."

11
찾아오는
의심 앞에서

형사의 직업병

주인공 아버지가 형사로 등장하는 소설이 있는데(제목은 잊어 버렸다!), 오랜 형사 생활로 생긴 습관 때문에 가족 관계가 망가지는 장면이 나온다. 형사들에게 실제로 그런 일이 자주 벌어지는지는 알 수 없으나, 그럴 수도 있겠다는 생각은 든다. 형사가 늘 상대하는 사람들은 어떻게든 혐의를 부인하거나 축소하려 드는 피의자들이다. 억센 그들, 혹은 약아빠진 그들과의 기싸움에서 밀려서도 안 되고 상대의 말에 호락호락 넘어가서도 안 된다. 따라서 기본적으로 상대를 의심하고 말에 담긴 모순점을 잡아내야 한다. 이것이 그 사람이 갖추어야 할 직업적 덕목이다.

그런데 만약 그런 전문성을 가족과의 대화에서 발휘한다면? 그 대화는 곧 따지고 몰아치는 취조로 변할 테고,

가족들은 아버지와 대화를 기피할 것이다. 또 피치 못할 경우라도 책잡히지 않을 정도의 대화만을 이어갈 것이다. 이런 가족들의 모습에 아버지는 서운하고 분노할지도 모른다. 악순환이 이어진다. 아버지의 직업적 덕목인 의심이 가정을 망가뜨리는 몹쓸 '직업병'으로 전락한다.

  이 사례에서 볼 수 있듯이 의심은 상대와 상황에 따라 덕목으로 인정받을 수도 있고, 몹쓸 병으로 치부될 수도 있다. 결국은 맥락과 근거가 문제이다. 합리적 의심이 필요한 상황에서 '믿고 보자' 식으로 가는 것은 무책임한 일일 테고, 웬만하면 믿어 주고 시작해야 할 관계에 별다른 근거도 없이 의심의 눈초리를 들이대면 관계에 치명상을 입힐 수도 있다.

  오늘 생각해 볼 주제는 세 가지 의심이다. 첫째, 우리가 세상을 상대하는 기본적인 입장이 의심이어야 한다는 주장을 검토한다. 루이스의 독서론과 〈나니아 연대기〉에 나오는 등장인물을 중심으로 과연 그것이 타당한지 생각해 본다. 그다음, 기독교를 받아들인 후에 찾아오는 두 가지 다른 의심을 다룬다. 우선, 기독교 신앙이 증거와 무관하거나 증거를 무시하는 맹신이라는 주장에 이의를 제기한다. 그리고 배심원이 주어진 자료와 증거를 검토하고 그에 근거해 평결을 내리듯 증거를 따져 보고 기독교를 믿을 수 있음(모든 그리스도인이 그런 것은 아니라 해도 분명히 그런 그리스도인들이 존재함)을 주장한다. 그런데 그런 그리스도인에게 두 가지 방향에서 의심이 찾아올 수 있다. 하나는 기독교가 진짜가 아닌 것 같다는 '느낌들'과 더불어 찾아오는 의심이다. 또 하나는 기독교의 주장에 반대 증거가 나왔다고 생각될 경우 찾아오는 의심의 문제이다.

문학 비평의 실험

2017년 8월 초, 오랜만에 루이스의 신간 《오독》(원작의 출간 연도는 1961년이다)이 출간되었다. 기존에 《문학 비평에서의 실험》으로 소개된 바 있는 루이스의 책(An Experiment in Criticism)을 새로 번역했다. 루이스는 이 책에서 기존의 문학 비평 방식이 과연 정당하고 유익한지에 이의를 제기하면서 '새로운 문학 비평 방식'을 실험해 볼 것을 제안한다. 우리는 보통 책을 이야기할 때 전문가의 권위를 빌려 좋은 책, 나쁜 책을 구분한다. 누군가가 사전에 내린 판단에 따라 책을 접하게 되는 것이다. 루이스는 그 반대로 책 읽는 독자들의 반응을 보는 '실험'을 하자고 한다. 독자들이 어떤 책을 중요하게 여겨 읽고 또 읽고 평생 한결같이 좋아한다면, 그런 반응을 불러일으키는 책이 좋은 책이라고 할 수 있지 않겠느냐는 것이다.

루이스가 이 책에서 줄기차게 내세우는 주장 자체는 선명하고 단순하다. 문학작품이 무슨 말을 하는지 있는 그대로 주목하고 그것을 일단 수용하자는 것이다. 그래야 자신의 한계에 갇히지 않고 새로운 것을 배울 수 있다. 마치 논문을 쓰기 위해 책을 읽는 문학 교수처럼, 설교 자료만을 위해 성경을 보는 설교자처럼, 책을 어떻게 써먹을 것인가 하는 관점에서만 책을 보면 결국 책은 자신의 생각을 강화하는 거울이 되고 만다. 이 책에서 루이스는 이 구분을 돕기 위해 자전거 비유를 든다. 사용을 위한 책 읽기가 자기가 늘 타는 자전거에 새 책이라는 모터를 하나 더 달고 늘 가던 길을 달리는 것이라면, 수용을 위한 책 읽기는 다른 사람이 모는 자전거 뒤에 올라타 그가 가는 길을 따라가는 것에 해당한다.

이 책은 루이스의 독서론으로 볼 수 있다. 거기다 내가 임의로 제목을 붙여 본다면 '믿음의 독서론'이라 할 수 있을 것 같다. 이와 정반대의 대척점에 있는 것이 '의심의 해석학'일 것이다. 니체, 마르크스, 프로이트. 이 19세기 서양의 위대한 사상가들의 공통점이 바로 의심의 해석학이라고 들었다. 텍스트 안에 있는 내용을 곧이곧대로 받아들이지 않고, 그 안에 숨겨진 권력 의지와 경제적 이해관계와 억압된 성적 욕망을 간파해 낼 수 있도록 의심의 눈으로 바라보라는 것. 비판적 독서라고 할 때 우리가 떠올리게 되는 내용이 바로 이것이 아닐까 싶다. 텍스트가 말하는 내용에 그냥 고개를 주억거리지 말고 뭔가 꿍꿍이가 있지 않은지, 뭔가를 감추고 있지 않은지 살피라는 것이겠다. 왜 그렇게 해야 할까? 속지 않기 위해서이다.

난쟁이들이 빠진 덫

　루이스의 〈나니아 연대기〉 중 마지막 7권 《마지막 전투》에는 이렇게 속지 않으려고 단단히 마음먹는 캐릭터들이 등장한다. 난쟁이들이다. 그들은 원숭이 악당 시프트가 당나귀에게 사자 가죽을 씌우고 나니아의 창조자인 아슬란을 흉내 내게 한 것에 감쪽같이 속아 넘어가 이용당한다. 그런데 주인공들의 활약으로 당나귀의 정체가 폭로되고, 시프트의 손아귀에서 벗어나게 되고도 난쟁이들은 전혀 기뻐하지 않는다. 아슬란을 섬기고 그의 위임을 받은 이들의 다스림을 받는 나니아의 선량한 백성의 자리로 돌아가지 않는다. 가짜 아슬란의 정체가 드러났음에도, 그들은 몇 단계를 더 건너뛰어 원래의 아슬란이 가짜였다는 결론을 내린다. '난쟁이는 난쟁이 편'이라며 다시는 누구에게도 속지 않으리라 다짐한다. 그러나 '믿음 대신에 교활함을 선택'한 그들은 누구에게도 속지 않으려고 누구 편도 들지 않고 버티다 결국 스스로가 만든 불신의 덫에 갇혀 버린다. 마침내 아슬란이 나타났을 때도 보지 못하고, 아슬란이 포효하는 소리도 제대로 알아듣지 못하고, 진실이 밝혀져도 진실을 보지 못하게 된다.

절대로 속아 넘어가지 않으려 하다 결국 그것이 덫이 된 사람의 이야기. 루이스의 《오독》에서는 그런 사람에 관한 비유가 등장한다. 그런데 속을 수 있는 상황, 모호하고 불확실한 상황은 믿음의 조건이기도 하다. 상대(사람이건 책이건)가 의미 있는 이야기를 하고 있다고 일단 믿어 주고 귀를 열어 놓아야 한다. 비판의 시간은 좀 기다려도 된다. 무조건 속지 않겠다고 작정하고 있으면 속임수는 피할지 몰라도 아무것도 배울 수 없다. 더욱이 그런 태도가 큰 낭패로 이어질 수도 있다. 아무것도 믿지 않을 수는 없으니까. 결국 잔뜩 쪼그라들어 엉뚱하고 가치 없는 편협한 것을 자기도 모르게 믿고 붙들게 될 수도 있다.

믿음은 맹신이 아니다

리처드 도킨스는 과학에 대해서는 절대적 신뢰를, 종교에 대해서는 절대적 반감과 의심을 토로한다. 그는 《눈먼 시계공》에서 이렇게 말하기까지 했다. "과학적 신념은 공개적으로 시험 가능한 증거에 근거한 반면, 종교적 신앙은 증거가 없을 뿐 아니라 증거와 완전히 독립해 있다. 이 사실이야말로 지붕 위에서 외쳐야 할 신앙의 기쁨이다." 이와 같이 믿음(신앙)과 증거가 대립한다고 보는 입장에 따르면 믿음은 증거가 없는 맹목적 믿음이요, 반대되는 증거를 외면한 믿음이며, 이성을 내팽개친 무조건적 믿음이다. 도킨스는 아예 이런 믿음이 종교적 신앙의 본질이고 기쁨이라고 말한다.

　대학 신입생이던 내게 SFC 선배가 기독교 신앙에 데카르트의 자세로 접근하라고 조언한 것은 이런 맹목적 믿음을 경계한 것이었으리라. 부모님이, 어른들이 말해 주는 내용을 그냥 그대로 믿지 말고 의심해 보고 비판적으로 생각하라는 취지였을 것이다. 데카르트는 누구던가. 모든 것을 의심했다는 철학자 아닌가. 더 이상 의심할 수 없는 자명한 사실 위에서 지식을 새롭게 구축하고자 했던 그가 모든 것을 의심한 끝에 결국 찾아낸 단 하나의 확실한 사실. 적어도 의심하고 있는 나, 그것을 의식하는 '나'는 확실하지 않느냐 하는 것이었다고. 이런 자세는 내 안에서 정직하고 바람직한 신앙인의 모델로 오랫동안 자리 잡았다. 그러나 이런 식의 태도는 남을 비판하고 정죄하는 데 유용했으나 건설적인 에너지로는 도무지 잘 작용하지 않았고, 무엇보다 데카르트가 찾았던 것과 같은 절대적 확실성은 도무지 얻을 수가 없었다.

　'의심하는 철학자의 이미지'가 신앙과 세상을 대하는 태도의 본으로 삼을 만한 유일한 이미지가 아니며 가장 적절한 이미지도 아니라는 것은 나중에 새로운 이미지를 접한 후에야 인식하게 되었다. 저널리스트 출신의 기독교 변증가 리 스트로벨은 《예수는 역사다》에서 배심원의 이미지를 제시했다. 배심원은 특정한 사건에 대해 자신이 받은 증거와 자료에 근거해 정해진 시간 내에 최선의 선택을 내려야 한다. 증거가 부족할 수도 있고 혼란스러울 수도 있다. 하지만 그는 정해진 시간 안에 피고인의 인생에 큰 영향을 미칠 결정을 어떻게든 내려야 한다. 차이가 있다면 사람은 자신의 인생을 놓고 그런 결정을 내려야 한다는 것.

느낌에서 오는 의심에 대처하는 법

위에서 말한 내용을 C. S. 루이스는 《순전한 기독교》에서 잘 정리해 주고 있다. 그의 설명에 따르면, 기독교에서 말하는 믿음은 '잘 추론해 본 결과 기독교를 믿을 증거의 무게가 충분치 않은데도 무조건 받아들(여야 하는 것)'이 아니다. 그는 믿음이 '(이성적으로 증거의 무게를 검토한 끝에) 일단 받아들인 것이면 아무리 기분이 바뀌어도 끝까지 고수하는 기술'이라고 말한다. 이러한 믿음은 과학자들에게도 꼭 필요한 자질이다. 과학이라는 활동 자체가 자연법칙이 존재한다는 믿음, 자신이 연구하는 주제가 이해 가능한 모종의 질서를 따르고 있다는 믿음하에서만 가능하다.

이제 두 번째 의심을 생각해 보자. 루이스는 누군가가 기독교의 증거를 검토하고 증거의 무게가 충분하다는 판정을 내린 상황을 상정해 본다. 이것은 무엇보다 루이스 본인의 경험담이라고 봐도 무방할 것 같다. 그렇게 해서 기독교인이 되었다고 해보자. 루이스는 그 다음 몇 주 동안 기독교가 사실이 아닌 것 같은 기분이 불쑥불쑥 들 거라고 말한다. 안 좋은 소식이 들리거나 어려움이 닥치거나 기독교를 믿지 않는 사람들 틈에 끼어 있을 때면, 느닷없이 이런저런 감정들이 들고 일어나 그가 믿고 있는 것이 다 아무것도 아닌 것처럼 느껴질 거라고 한다. 그게 아니라면 "여자를 찾고 싶거나 거짓말을 하고 싶거나 … 조금만 부정직하면 약간의 돈을 벌 수 있는 기회가 보이는 … 즉 기독교가 사실이 아니라면 아주 편했을 상황들"이 닥칠 것이고, "그러면 그의 바람과 욕구들이 한꺼번에 들고 일어나 또 한 번 전격적인 공격을 해올 것"이다. 그는 이것이 기독교에 반대되는 새로운 이유들이 등장하는 순간과는 다르다고 말한다(이에 대해서는 다음 항목에서 살펴본다).

심지어 그는 지금 그리스도인이면서도 기독교가 도무지 사실이 아닌 듯한 기분이 들 때가 있다며, 무신론자 시절에는 기독교가 정말 사실 같은 기분이 들 때가 있었다고 털어놓는다. "기분을 어디서 하차시켜야 할지 모른다면 건실한 그리스도인은 물론이고 건실한 무신론자도 될 수 없으며, 그날의 날씨나 소화 상태에 따라 신념이 좌우되는 줏대 없는 인간이 될 수밖에 없습니다." 그러면 이런 의미의 의심에 어떻게 대처해야 할까?

루이스는 믿음의 습관을 들이기 위해 훈련하라고 조언한다. 그 첫 단계는 "사람의 기분은 바뀌게 마련이라는 사실을 인정"하는 것이다. 다음 단계는 "기독교를 받아들인 이상 날마다 조금씩이라도 시간을 내어 그 주요 교리들을 찬찬히 정신에 새겨 나가는 것"이다. 기도, 성경과 경건 서적 읽기, 교회 출석의 의미가 여기서 드러난다. 가만히 내버려 두는 데도 정신 속에서 살아남을 수 있는 신념은 없기 때문이다.

합리적인 의심에 맞선 믿음의 고집이 정당할 수 있는가?

바로 위에서 우리는 기독교를 믿기로 한 이후에 기독교에 반대되는 기분이 드는 순간들, 그로 인한 의심을 이야기했다. 증거에 의거해 받아들인 내용을 그런 기분에 휘둘리지 않고 붙드는 기술이 믿음이라 했다. 그렇다면 '기독교에 반대되는 새로운 이유들이 등장하는 순간'에는 어떻게 해야 할까? 그때 의심을 받아들이고 믿음을 저버리는 것이 정당하지 않을까? 루이스는 《세상의 마지막 밤》에 실려 있는 '믿음의 고집에 대하여'라는 에세이에서 그런 상황에서의 의심의 문제를 다룬다.

기독교인들은 그런 상황에서 믿음을 붙드는 것을 미덕으로 칭송해 왔다. 그런 증거가 강할수록, 그런 가운데도 믿음을 지키는 것을 더욱 귀하게 여겼다. 아예 그런 증거[할 수만 있으면 택하신 자들도 미혹할 만큼(마 24:24) 강력한 증거]들이 나타날 거라고 미리 경고까지 받고, 그런 일이 나타나도 믿음을 지켜야겠다고 사전에 결심하기까지 한다.

이걸 어떻게 받아들여야 할까? 말도 안 되는 것 아닐까? 정직하지 못한 태도가 아닐까? 그런 반응이 정당화될 수 있는 상황이 없다면 그렇게 말해 버릴 수 있겠지만, 그런 상황이 존재한다면 얘기가 달라질 것이다. 과연 루이스는 믿는 것 외의 다른 선택의 여지가 없는 상황을 몇 가지 제시한다. 덫에 걸린 개, 손에 가시가 박힌 아이, 물에 빠진 아이, 어려움에 빠진 등산객 등이다.

덫에 걸린 개의 심정에서 생각해 보자. 개는 지금 덫 때문에 아파서 미칠 노릇이다. 그런데 낯선 사람(덫을 놓은 것도 사람이다!)이 덫에서 구해 주러 왔다고 하자. 어떻게 해야 덫에서 나올 수 있을까? 그 사람을 믿고 발을 맡기는 수밖에 없다. 아마도 덫을 풀기 위해서는 덫에 더 깊이 발을 집어넣어야 하는 순간이 있을 것이다. 손에 가시가 박힌 경우에는 가시를 빼면서 한 번 확 아파야 그 다음부터 안 아픈 법이다. 물에 몸을 맡겨야 가라앉지 않는다. 길을 잃은 등산객은 길을 아는 사람을 따라가는 수밖에 없고, 그 과정에서 오히려 산속 깊숙이 들어가는 것처럼 보이는 지점도 만날 것이다.

무슨 근거로 그런 엉터리 같은 행동을 받아들일 수 있을까? 상대를 믿는 수밖에 없다. 모르는 사람이라면 그 얼굴, 목소리, 표정, (개라면) 냄새 등이 근거가 될 수 있겠다. 한마디로, 증거보다 더 많이 믿을 수밖에 없다. 그런 상황에서 믿는 것은 어리석은 일이 아니다. 기독교를 믿는 것은 우리가 하나님 앞에서 그런 아이, 개, 등산객과 같다는 믿음이다. 그들에게 필요한 행동이 우리에게도 필요한 것이다. 하나님이 우리보다 지혜로우시니, 우리에게 전혀 자애롭고 좋아 보이지 않는 순간들이 있을 것이 분명하다.

루이스는 아내 조이를 잃고 슬픔 가운데 있는 자신의 감정과 생각을 정직하게 써 내려간 《헤아려 본 슬픔》에서 하나님을 치과 의사에 비유한다. 치아에 문제가 생겨서 갔다면, 괜찮은 의사일수록 아픈 부위를 집요하게 건드려서 고치려 들 것이다. 인정사정 보지 않을 것이다. 치료가 될 때까지 손을 볼 것이다. 환자가 아무리 겁내고 울어도 눈도 깜짝하지 않고 웃으며(!) 치료할 것이다.

더욱이, 하나님은 우리를 그런 위기에서 건져 주시는 것으로 만족하지 않고, 우리와 부모 자식, 부부 관계와 비슷한 관계를 맺기 원하신다고 말씀하신다. 이렇게 되면 믿음이 더욱 중요해진다. 그런 관계에서는 온전한 신뢰가 필수 요소가 아닌가. 의심의 여지가 없다면 그런 신뢰가 자라날 여지도 없을 것이다. 루이스는 아예 이렇게 말한다. "사랑하는 것은 증거보다 많이, 심지어 많은 반증을 무시한 채 사랑하는 사람을 신뢰하는 것"이라고.

그리고 루이스는 묻는다. 우리의 선의가 사실로 입증된 후에야 믿는 친구를 괜찮은 친구라 할 수 있을까? 그런 친구를 계속 친구로 두고 싶은가? 우리에 대한 안 좋은 증거는 어떻게든 안 믿으려 드는 사람. 그 사람이 진짜 친구가 아닌가. 그건 논리적 오류가 아니라 도덕적 미덕이라 하겠다. 남을 습관적으로 의심하는 사람은 탁월한 논리로 칭찬할 것이 아니라 비열한 성품의 소유자로 멀리해야 하지 않겠는가. 이 대목에서 의심하는 도마에 대한 루이스의 해설은 이 문제를 바라보는 눈을 환히 열어 준다.

> "보지 못하고 믿는 자들은 복되도다"(요 20:29-역주)라는 말씀은 기독교의 가르침에 처음으로 동의하는 문제와는 상관이 없습니다. 이 말씀을 받은 사람은 하나님이 과연 존재하시는지를 고민한 철학자가 아니었습니다. 특정한 인물을 오랫동안 알고 지냈으며 그 인물이 아주 특이한 일들을 할 수 있다는 증거를 갖고 있던 사람이었습니다. 그러면서도 그 인물이 자주 예언했던 일, 그와 가장 가까운 친구들이 모두 보증한 한 가지 특이한 일만은 믿지 않겠다고 버틴 사람이었지요. 이 말씀이 꾸짖는 바는 철학적 의미에서의 회의론이 아니라 '의심하는' 상태라는 심리적 특성입니다. 사실상 이렇게 말한 것과 같지요. "나를 더 잘 알았어야 하지 않느냐." 방식만 다를 뿐, 사람 사이에서도 보지 않고 믿어 준 사람들을 좋게 여기는 경우들이 있습니다. 우리가 법정에서 무죄판결을 받은 후에야

우리를 믿는 사람과의 관계와, 줄곧 우리를 믿어 준 사람과의 관계가 같을 수는 없습니다.

—《세상의 마지막 밤》 '믿음의 고집에 대하여'

12
잠재된 증거를
보는 눈

비대칭

김대식은 뇌과학자다. 다작가인 그는 그리스 로마 신화를 비롯한 고전은 물론 고전어와 현대어를 아우르는 여러 외국어에 능통하고, 문학과 과학을 넘나드는 뛰어난 글솜씨까지 갖추었다. 활용하는 자료와 논의가 다양하고 논리를 전개하는 방식은 참신하고 흥미롭다. 게다가 《김대식의 인간 vs 기계》는 그의 전문 영역인 인공지능을 논한다. 책의 앞부분 내용을 조금 따라가 보자.

저자는 '세상은 하나다'라는 파르메니데스의 주장이 세상을 하나의 원리로 설명할 수 있는 가능성을 열었다고 평가한다. 여기서 출발해 저자는 서양 사상 전체를 '언어로 세상을 파악하려 했던 시도'로 명쾌하게 정리한다. 아리스토텔레스의 논리학, 라이프니츠의 모나드론, 비트겐슈타인의 《논리-철학 논고》의 핵심이 결국 언어와 논리로 세상을 담아내려는 시도였다.

저자는 20세기 후반에 인공지능 연구가 반세기 가까이 벽에 부딪혔던 사연도 그런 사유의 연장선상에서 풀어낸다. '언어와 인식의 비대칭' 때문에 그럴 수밖에 없었다는 것이다. 인간은 현실의 극히 일부만 인식할 수 있고, 인식한 것의 극히 일부만 언어로 담아낼 수 있다. 그런데 그 사실을 인지하지 못하고 언어와 논리로 지능을 만들려고 했으니 오랫동안 실패할 수밖에 없었다. 기계에게 말로 이렇게 저렇게 설명해 주는 것으로는 부족했던 것이다. 언어로는 세상의 대략 10퍼센트도 설명하지 못한다. 세상을 이해하려면 직접 접하게 하는 수밖에 없다. 빅데이터를 넣어 주는 것이다.

그런데 언어와 인식 사이에 비대칭이 있다면, 인식과 현실 간에도 또 다른 어마어마한 비대칭이 있다. 뒤집어 말하면, 우리가 언어를 이해하는 이유는 공유하는 인식과 경험이 있기 때문이고, 인식을 공유할 수 있는 이유는 같은 현실을 살아가기 때문이다. 언어만 알면 인식을 이해할 수 없다. 하지만 인식을 알면 언어를 알 수 있다.

변환

김대식 교수가 언어와 인식의 비대칭, 인식과 현실 간의 비대칭을 지적하는 대목을 읽으며 나는 《영광의 무게》에 실린 에세이 '변환'을 떠올렸다. 루이스는 '변환'에서 물리적 세계와 영적 세계 사이의 비대칭 문제를 다룬다. 그가 제기하는 문제와 그에 대한 그의 답변을 들어 보자.

그는 먼저 기독교에서 말하는 방언이 과연 기독교인들이 말하는 대로 의미 있는 하늘의 언어일 수 있는지 묻는다. 물리적 요소로만 보면 방언은 인간의 언어를 사용할 때 쓰는 동일한 발성기관을 그대로 사용하지 않는가. 기독교에서는 방언이 (적어도 사도행전 2장에 나오는 방언은 분명) 신령한 언어라고 주장하는데, "거기서 물리적이고 자연적이지 않은 요소가 하나라도 있는가?"라는 질문이 이 에세이의 출발점이다.

초자연적인 계시를 받고 쓰였다는 요한계시록에 등장하는 천국의 모습이 지상에서 볼 수 있는 면류관, 보좌, 음악으로만 꾸며져 있고, 신앙 고백의 표현이 연인들 사이의 표현과 똑같고, 그리스도인들이 그리스도와의 신비한 연합을 구현하는 의식儀式이라는 성만찬이 우리에게 너무나 친숙한 행위인 먹고 마시는 게 전부가 아닌가.

그러면서 영적인 삶과 자연적인 삶뿐 아니라 높은 수준의 자연적인 삶과 낮은 수준의 자연적인 삶 사이에서도 똑같은 상황이 나타난다고 지적한다. "복수와 재판을 통한 처벌에는 물리적으로 같은 행동이 등장하고, 사랑으로 결합한 부부의 첫날밤은 무분별한 성욕 충족과 생리적으로 동일하며, 종교적 언어와 이미지, 어쩌면 종교적 감정 중에서도 자연에서 빌려오지 않은 요소는 하나도 없습니다."

 루이스는 이런 상황에 대해 비판자들을 반박할 방법을 제시한다. 그와 동일한 방식으로 그럴듯해 보이지만 그렇지 않다는 것을 누구나 경험적으로 아는 다른 사례들을 제시하면 된다는 것이다. 그러면서 그는 신체의 반응을 예로 든다. 멋진 음악을 듣고 느낀 울렁거림과 갑자기 괴로운 일이 닥칠 때의 느낌은 물리적으로 같지만, 둘은 전혀 다른 경험이다. 얼굴이 빨개지고 화끈거리는 경험을 생각해 보라. 매운 것을 먹어서 그럴 수도 있고, 더워서 그럴 수도 있고, 부끄러워서 그럴 수도 있다. 하지만 물리적으로만 본다면 세 가지는 같은 경험이라고 말할 수밖에 없다. 이것은 감각적인 느낌보다 감정적인 느낌이 더 풍부하고 다양하고 미묘하기 때문이다.

 '변환'에는 이런 사례가 여럿 등장한다. 그런데 그중에서도 루이스가 낮은 차원에서 높은 차원이 어떻게 보이는지를, 이차원 인간이 삼차원 세계를 그려낸 그림을 보게 되는 이야기로 들려주는 대목은 압권이다. 그는 우리가 그림을 이해할 수 있는 이유가 삼차원 세계 속에서 살면서 그 세계를 알기 때문이라고 밝힌다. 그리고 이차원만 인식하던 존재가 어찌어찌 종이를 벗어나 종이에 그려진 선線들을 보게 된다고 한번 생각해 보자고 한다.

그가 그 선들이 만들어 내는 그림을 이해하기란 참으로 불가능할 것입니다. 처음에 그는 삼차원 세계가 있다는 우리의 주장을 일단 받아들이고 증거를 요구할 것입니다. 그러나 우리가 종이 위의 선들을 가리키며 "이것이 도로라는 거야"라고 설명하면, 그는 신비로운 우리 세계의 계시로 그에게 제시하는 것이 삼각형 모양과 같지 않느냐고 대답할 것입니다. 그리고 이내 이렇게 물을 것입니다. "당신은 다른 세계와 '입체'라고 부르는 상상할 수 없는 모양에 대한 얘기를 계속하고 있습니다. 하지만 당신이 그것의 이미지나 반영으로 제시하는 모양이란 걸 들여다보면 모두 내가 원래 알고 있던 우리 세계의 이차원 모양들뿐이라는 게 상당히 수상하지 않습니까? 당신이 뽐내는 다른 세계란, 이 세계의 원형이 아니라 이 세계로부터 모든 요소들을 빌려간 꿈이라는 게 분명하지 않습니까?"

'변환'이라는 글을 번역하고 나니, 온 세상에 이런 변환의 현상이 널려 있음을 곳곳에서 볼 수 있었다. 그저 세상에 존재하는 '당연한' 현상이 루이스의 관찰력과 생생한 창조력을 만나 보이지 않는 영적 세계를 '보여 주는' 제 모습을 드러낸 것이다. 새로운 증거가 필요한 것이 아니라, 이미 존재하는 현상 가운데 잠재된 증거를 보는 눈이 필요하다는 것을 깨닫게 된다.

태양은 없다

이 대목에서는 나의 저서인 《나니아 나라를 찾아서》(정영훈 공저)에서 다루었던 《은의자》의 일부를 다시 소개하는 것이 적절할 것 같다. 〈나니아 연대기〉의 여섯 번째 책에 해당하는 《은의자》의 주인공 질과 유스터스와 퍼들글럼은 아슬란의 명령에 따라 천신만고 끝에 지하 세계로 들어가 릴리언 왕자를 얽매고 있던 마녀의 마법을 풀어 준다. 그런데 바로 그때, 그들 앞에 지하 세계의 초록 마녀가 나타난다. 마녀는 초록빛 가루를 불에 던져 향을 피우고 만돌린 비슷한 악기를 연주하면서 나니아라는 나라는 없다고 말한다. 평생 나니아에서 살아왔다고 항변하는 퍼들글럼에게 마녀는 나니아가 어디 있는지 대라고 요구한다. 그러나 퍼들글럼은 "저 위에"라고 답할 뿐 정확히 어디라고 말하기가 어려웠다. 그러자 여왕은 되묻는다.

> "저런! 천장 바위들과 회반죽 사이에 나라가 있단 말인가요?"
>
> 퍼들글럼은 숨을 쉬려고 애쓰면서 말했다.
>
> "나니아는 위 세상에 있습니다."

마녀는 위 세상이 무엇이냐면서 그곳에 있는 물건들을 제시해 보라고 한다. 마법이 최고조에 달하자 질 일행은 아무것도 생각해 내지 못한다. 마침내 질은 "다른 세상은 모두 꿈이었던 것 같아요"라고 답하기에 이른다. 다들 마법에 홀려 마녀의 세상만이 유일한 세상이라고 믿게 되었을 때 퍼들글럼은 하늘에 떠 있는 태양을 기억해 낸다. 다른 건 몰라도 태양을 어떻게 잊을 수 있겠는가. 그러나 마녀는 태양이 무엇인지 물으며 모양을 설명해 보라고 한다. 그러자 릴리언 왕자가 설명을 시도한다.

> "저기 저 램프를 보십시오. 저건 모양이 둥글고 노란색이며 방 전체를 밝혀 줍니다. 그리고 저 램프는 천장에 달려 있습니다. 우리가 태양이라고 부르는 것은 저 램프와 같은 것이나, 저것보다 훨씬 더 크고 훨씬 더 밝습니다. 태양은 지상 세계 전체를 밝혀 줍니다. 그리고 그건 하늘에 달려 있습니다."

마녀는 그 말을 비웃으며 "어디에 달려 있다고요?"라고 묻는다. 다들 답하지 못하자 마녀는 회심의 일격을 가한다.

> "거봐요. 태양이라는 것이 무엇인지 분명하게 생각해 보려니까 나한테 말해 줄 수가 없죠? 말할 수 있는 것이라곤 그것이 램프처럼 생겼다는 것뿐이에요. 당신들의 태양은 꿈이에요. 그리고 그 꿈은 하나에서 열까지 모두 램프에

서 나온 거예요. 램프는 실제로 있는 물건이지만 태양은 아이들이 만들어 낸 이야기에 지나지 않아요."

이어서 마녀는 태양은 없다고, 그리고 과거에도 없었다고 말한다. 질 일행은 힘없이 그 말을 따라 한다. 태양이 보이지 않는 지하 세계에서, 태양을 설명할 수 있는 방법은 무엇일까. 릴리언은 마녀가 알고 있(다고 말하)는 비슷한 다른 물체에서 출발해 그것과의 차이점을 보충하는 설명 방식을 택한다. 이것은 상대의 설명을 이해하려 애쓰는 사람에게 유용하지만 마녀는 지상에서 질 일행을 만난 적이 있다는 사실(그러니 태양을 모를 리가 없다)조차 뻔뻔스럽게 부인한다.

독자는 마녀가 부인하려는 대상(나니아, 태양)이 명백히 존재한다는 것을 이미 알기 때문에 마녀가 마법까지 동원해서 질 일행에게 강요하는 논리가 궤변이라는 것을 간파한다. 그러나 마법에 사로잡힌 질 일행은 마녀의 논리에 속수무책으로 당하고 만다. 사실관계 확인이 불가능한 상황에서 마녀의 엉터리 주장은 오히려 참신한 해석이 되고, 더 나아가 사실에 대한 유일하게 올바른 설명으로 강요된다.

오 나의 주님 친히 뵈오니

일전에 루이스를 좋아하는 학자 두 사람을 만날 기회가 있었다. 그중 한 사람인 김진혁 교수는 루이스의 사상을 가장 잘 보여 주는 루이스의 글로 '변환'을 꼽았다. 나는 절로 고개가 끄덕여졌다. 《순전한 기독교》의 번역자이자 루이스로 석사와 박사를 모두 이수한 진짜 루이스 전문가 이종태 목사는, '변환'이 루이스의 성사적sacramental 사고를 이론적으로 가장 잘 정리한 글이라고 맞장구를 쳤다. 무슨 말인가 싶다면, 먼저 다음 가사를 한번 살펴보시라.

> 오 나의 주님 친히 뵈오니 영원한 세계 밝히 나타나
> 한없는 은혜 길이 누리니 주님께 모든 염려 맡기리

뭔가 대단히 신비한 체험을 한 사람의 고백이 분명하다. 깊은 기도 가운데 본 환상이나 혼자만의 신비한 체험을 이야기하는 것일까? 그런데 2절로 넘어가면 이 찬양이 성찬을 받는 감동을 노래한 것임을 알 수 있다.

> 주님의 떡을 내가 먹으며 주님의 잔을 내가 마시고
> 근심의 짐을 벗어 버리니 죄 사함 받아 내 맘 새롭다

성찬. 눈에 보이는 것은 카스텔라 한 조각과 포도주 한 모금. 그런데 시인은 성찬을 하며 주님의 얼굴을 대면한다고 고백한다.

성찬식을 하면서 이게 무슨 짓인가 했던 적이 있다.

방금 전까지 졸고 있던 사람들이 갑자기 애써 근엄한 표정을 지으며 뭔가 중요한 일을 하듯 행세하는 꼴이라니. 벌거벗은 임금님 생각이 났더랬다. 이렇게 내가 아무 느낌이 없으니 다른 사람들도 사실은 아무것도 없으면서 '연극'하고 있는 건 아닐까 의심이 든 것이다.

우리 아이가 대여섯 살 무렵, 성찬식 때마다 아이는 기분이 나빠지곤 했다. 우선 카스텔라를 보고 그게 무엇이냐 물었다. 그리고 조심스럽게 자기도 달라고 했다. 그럴 수야 있나. 그럼 아이는 토라져서 비난의 화살을 던졌다. "치사하게 혼자 먹고." 떡과 포도주를 다 먹은 내게 아이가 날렸던 결정타. "맛있어?"

한때 내 눈에 보였던 것은 무의미한 연극뿐이었고, 아이 눈에 보였던 것은 어른들끼리만 예배시간에 맛있는 빵과 음료수를 마시는 '치사한' 장면뿐이었다. 그러나 이제 나는 이것이 예수님의 살과 피를 기념하는 것이고, 주의 몸에 동참하는 방법이라고 믿는다. 아이와 마찬가지로 내 육신의 눈에도 보이지 않으나, 카스텔라와 포도주를 마시는 자리에 하나님이 어떤 놀라운 일을 하고 계신다고 믿는다. 주님이 최후의 만찬에서 감사 기도를 하시고 제자들에게 떡을 주시면서 "이것은 너희를 위하여 주는 내 몸이니라" 하시고는 "이를 행하여 나를 기념하라" 하셨기 때문이다. 그렇게 함으로써 우리를 위해 살이 찢기고 피 흘리신 예수님의 희생과 죽음, 새 언약을 기념할 수 있다고 하셨으니, 그 말씀을 믿고 순종하는 거다. 그런 의미에서라면 성찬식을 '순종의 연극'이라고 말해도 무방하리라. 그러므로 성찬식에 동참할 때 비록 우리 눈에 빵 조각과 포도주밖에 보이지 않아도 사실은 참으로 의미심장한 일에 동참하고 있는 것이다. 그렇기 때문에 이 찬양의 작사자는 조그마한 빵 조각과 소량의 포도주를 먹고 마시는 그 자리에서 주님을 뵈었다고 말하고 있다. 그것도 '친히' 뵈었다고.

매일 어머니가 해주시는 따뜻한 밥을 먹으면서도 거기서 어머니의 사랑을 보지 못하고 불평한 날이 얼마나 많았으며, 진심이 담긴 선물을 받고도 정작 그 안에 담긴 마음은 간과한 적이 얼마나 많았던가. 하다못해 사람 사이에서 오가는 대화와 물건 등도 '그냥' 물리적 실재가 아니다. 그냥 물리적 실재로만 오가는 소통과 인간관계에는 사실 '증오'나 '무관심'이라는 명확한 정신적, 영적 실체가 담겨 있는 것을.

40년간 광야 아침마다 만나를 보며 '늘 먹을 거라곤 이거 하나뿐인 처량한 자기 신세의 생생한 증거'를 목격한 사람도 있었고, 그 속에서 '여호와의 영광'을 본 사람들도 있었다. 예수님의 처참한 십자가 처형장에서 많은 사람들은 정치범의 비참한 최후라는 냉엄한 현실을 보았으나, 그 동일한 장면에서 자신의 죄를 대신해 죽어 가는 하나님 아들의 사랑을 본 사람들도 있었다. 카스텔라와 포도주. 이것은 그냥 카스텔라와 포도주이지만, 여기서 신자는 자신을 위해 찢기고 피 흘리신 주님의 희생과, 그것을 불가피하게 만든 자신의 죄와, 자신을 향한 하나님의 지극하신 사랑을 동시에 '본다.' 그런 사람은 시인과 더불어 이렇게 노래하게 된다.

주 예수밖에 도움 없사와 주님의 팔에 의지합니다
주 권능으로 힘이 솟아서 나 주 안에서 만족합니다

3

순례자의
귀향

13
《실낙원》과
《페렐란드라》

KBS1 라디오에서 출연 요청 메일이 왔다. 번역가에게 방송 출연 요청은 번역한 책을 소개해 달라는 것일 텐데, 인문학 책 소개 코너에 다룰 만한 나의 번역서가 있는지 의아해하며 메일을 확인했다. 다루고 싶은 책이 존 밀턴의 《실낙원》이라고 했다. 말하자면 실낙원 전문가로 출연 요청을 받은 것이다.

내게 재미있고 유익한 시간, 생각을 정리해 볼 좋은 기회가 될 것이 분명했다. 루이스의 실낙원 입문서인 《실낙원 서문》을 번역했으니 문외한이라 할 수는 없었다. 번역 과정에 루이스의 안내를 받아 가며 서사시라는 장르, 실낙원이라는 숲과 그 숲을 이룬 주요한 나무 몇 그루를 꼼꼼히 살펴보기도 한 터였다. 하지만 실낙원 전문가? 그건 좀 아니다 싶어 이런 취지의 답장을 보냈다.

"C. S. 루이스의 애호가로서 개인적인 관심에 이끌려, 주로 그가 저술한 책이라는 이유로《실낙원 서문》을 번역한 사람입니다. 혹시 담당 작가님께서《실낙원 서문》의 번역가를 저자로 오해하신 것은 아닌지요. 아무리 봐도 전문가라 할 만한 사람은 아닌 것 같은데, 괜찮으실지요. 진짜 밀턴 전문가를 원한 것이라면 알아봐 줄 사람은 있습니다. 그분이 바빠서 시간이 안 날 가능성은 있습니다만."

그런데 담당 작가는 영화〈섀도우랜드〉를 보고 루이스의 팬이 되었다며, 루이스의 시각으로 실낙원을 읽어 보기를 원했다. 그렇다면 마다할 이유가 없었다.《실낙원》뿐 아니라《실낙원 서문》을 덩달아 소개할 멍석이 깔리는 셈이었다.

녹화를 마치고 '개성 있는 목소리'라는 담당 PD의 따뜻한(!) 위로를 뒤로한 채, 집으로 오며 실낙원에 관한 글을 쓰기로 마음먹었다. 이번 장에서는《실낙원》의 몇 장면에서 나타난 사탄, 아담, 하와의 타락을 루이스의 해석에 기대어 살펴볼까 한다. 그리고 루이스가《실낙원》을 과학소설 버전으로 구현해 냈다고 할 수 있는 책,《페렐란드라》의 주요 인물인 언맨과 랜섬을 거기에 포개 놓을까 한다.

사탄,《실낙원》의 대표 캐릭터

사탄은《실낙원》이 시작되자마자 거의 바로 등장한

다. 하나님께 반역을 꾀했다가 지옥으로 쫓겨나 추종 세력들과 함께 널브러져 있던 사탄이 정신을 차리고 이야기를 꺼낸다. 사탄의 모습은 센 척하고 허풍과 너스레를 떨며 억지도 부리고, 자기도취에 빠져 있다. 한마디로 살아 있는 캐릭터다.

    루이스는 《실낙원》의 등장인물 중 사탄이 가장 생생하게 잘 그려진 이유가 작가 속에도 그와 같은 것이 있기 때문이라 했다. 그런 악한 의도와 생각들을 평소에는 억제해야 하지만, 작품을 쓸 때는 상상력 속에서 마음껏 풀어놓을 수 있기 때문이라고 설명한다. 그렇기 때문에 대부분의 작가들은 악당 캐릭터를 훨씬 잘 그려낸다는 것이다. 그에 반해 선한 캐릭터는 우리가 알지 못하는 존재다. 아주 가끔 우리에게서 부족한 모습으로 나타나는 것을 무리하게 확장시켜야 하는데, 그래서야 생생하게 그려질 수 없는 것이 당연한 일이다.

    그러나 루이스는 여기서, 작품 속에서 캐릭터로 그려진 사탄의 모습은 재미있지만, 실제로 그와 같은 존재를 만난다면 이루 말할 수 없이 지루할 것이라는 점을 밝힌다. 사탄의 관심은 오로지 자기뿐이기 때문이다. 어디를 가건, 무엇을 하건 자기만 생각하고 자기 이야기만 하는 사람. 혹시 떠오르는 인물이 있는가?

어디로 피해야 하나,
무한한 분노와 무한한 절망에서?
어느 쪽으로 피하든 지옥, 나 자신이 지옥이니.
가장 깊은 심연에서도 보다 깊은 심연이
나를 삼키려 위협하며 입을 크게 벌리니,
그에 비하면, 내가 고생하는 지옥은 하늘과 같다.
아, 그렇다면 결국 항복인가, 회개할 여지는
전혀 없으며, 또 사면의 여지도 전혀 없는가?
복종밖에 다른 길은 없다. 그러나 그 말은,
모욕 때문에, 그리고 하계천사들에 대한
치욕이 두려워서 못한다. 굴복은커녕
다른 약속과 호언장담으로 그들을
유혹했었다. 전능자를 굴복시킬 수 있다고
뽐내면서, 아, 그들은 모르리라, 헛된 큰소리
쳐놓고 내 얼마나 톡톡히 고통을 당하고 있으며,
그 마음의 괴로움 때문에 얼마나 신음하고 있는가를.

— (제4편 73-88)

무엇이 사탄을 이토록 괴롭히는 것일까? 좀 앞으로 돌아가 보자. 애초에 사탄이 왜 하나님께 반역을 꾀했을까? "자존심이 짓밟힌 느낌"(제1편 98) 때문이다. "스스로 열등해 졌다고 생각했느니라"(제5편 662)는 말도 나온다. 사탄은 왜 그런 느낌을 받았을까?

하나님이 메시아를 천사들의 대장으로 선언했기 때문이다. 사탄은 이것을 부당한 대우로 파악한 것이다. 기분이 나빴다 이거다. 그래서 하나님께 반역했다. 다수의 천사들을 선동하고 유혹해서 말이다. 그런데 압도적인 힘의 차이로 인해 꼼짝없이 쫓겨나고 말았다. 그는 지금 이러지도 저러지도 못하게 되었다.

사탄은 하나님께 돌아갈 생각을 하지 않는다. 그러니 과연 돌아갈 수 있는가 하는 문제는 거론할 필요조차 없다. 그러나 인용문을 보면 사탄이 돌아갈 길을 알고 있음이 나와 있다. '복종'밖에는 다른 길이 없다고 자기 입으로 말하고 있다. 그러나 그것은 사탄이 '죽어도' 갈 수 없는 길이다.

제1편을 보면 사탄 이하 악마들이 모여 회의를 한다. 이제 어떻게 하나 궁리를 해보는 것이다. 그냥 죽은 듯 가만히 있자는 놈이 있는가 하면, 지옥이라고 천국보다 못할 것이 무엇이냐고 우기는 놈도 있고, 힘을 모아 다시 덤벼 보자는 놈도 있다. 하지만 결국 하나님에 맞서서는 승산이 없음과 자기들이 지금 감옥에 있는 것임을 깨닫고 다른 전략을 꾀한다. 하나님은 어쩌지 못해도 하나님이 총애하는 새로운 피조물 인간들을 유혹해 자기처럼 하나님께 반역하게 만들자는 것이다. 비열한 복수를 꾀한 것이다.

하와의 선택

그럼 이제 사탄이 유혹의 표적으로 삼은 하와에게로 넘어가 보자. 하와는 하나님처럼 될 수 있다는 뱀의 유혹에 넘어가 이제 막 선악과를 먹었다. 그다음 이 과일을 놓고 아담과 어떻게 관계를 맺을지 고민한다. 그녀의 고민이 어떻게 펼쳐지는지 들어 보자.

어쩌면
나도 숨은 것. 하늘은 높으니, 거기에서
지상물을 분간하기에는 너무 멀다. 다른 걱정 때문에
우리의 위대한 제금자는 주위에 많은
첩자들을 두고서 마음 편히 끊임없는 감시를
잊고 있을지도 모른다. 그러나 아담에게는
어떻게 해야 하나? 그에게 지금까지의 변화를 알려 주고,
완전한 행복을 나와 함께 나누도록 할까,
아니면 뛰어난 이 지식을
공유자 없이 나 혼자서만 차지할까? 그렇게 되면
… 언젠가는
그보다 더 우월하게 될지도 모른다. 뒤떨어져서야
누가 자유로우랴. 그러니 이것도
좋은 일이로다. 그러나 하나님이 혹시 보셔서 죽음이
닥쳐오면 어쩌나? 그때는 나는 존재하지 않게 되고

아담은 다른 하와와 결혼하여
그녀와 즐겁게 살겠지, 나는 사라질 테니.
생각하는 것부터가 죽음이다. 그러니 마음을
확고히 하고 아담과 화복을 나눠야겠다.
사랑이 지극하니 그와 함께라면 어떤 죽음도
견딜 수 있으리라, 그가 없으면 살아도 죽음이다.

— (제9편 811-820, 823-833)

    하와가 어떤 결정을 내렸는지 알겠는가? 아담에게도 먹이기로 결심한다. 그런데 루이스는 이 부분에서 벌어지는 일의 본질을 날카롭게 지적한다. 그의 해설에 기대어 이 부분을 정리해 보자. 하와는 먼저 상황이 좋게 풀릴 경우를 상정한다. 하나님이 모를 것 같으면, 그래서 모든 일이 잘될 것 같으면 선악과를 먹어서 생긴 지식을 혼자 차지하고 아담보다 우월하게 되어야지. 그것도 나쁘지 않아. 하지만 하나님이 알 것 같으면? 나 혼자 죽고 아담은 제2의 하와와 즐겁게 산다? 그건 절대 두고 볼 수 없는 일. 혼자 죽을 수는 없어. 그래서 하와는 그럴 바에는 화복을 나누기로 마음먹는다. 잘되건 안 되건 한배를 타기로 결심한다. 루이스는 이 부분을 두고 하와가 벌이는 일을 '살인'이라고 해석한다. 과일을 먹고 자기가 죽어야 한다면 아담에게도 먹여서 같이 죽게 하리라. 그리고 이런 결심을 지극한 사랑의 증거라고 주장한다.

루이스는 하와가 이 부분에서 자신의 생각의 실체를 몰랐을 거라고 짐작한다. 사람의 마음은 그런 식으로 악을 받아들이는 법이기 때문이다. 그는 악을 저지르는 사람이 처음부터 자신이 하는 행동을 살인, 간음, 사기, 배신이라 생각하지 않는다고 지적한다. 오히려 다른 사람이 자기 행동을 그렇게 부르는 것을 듣는다면 깜짝 놀랄 것이라고 추측한다. 우리가 혹시 큰 죄를 짓는다면 악을 작정하고 짓는 《오셀로》의 이아고보다는 하와와 비슷한 느낌을 받을 것이라며, 하와의 범죄를 인간 범죄의 양심이 보여 주는 하나의 전형으로 제시한다.

아담의 선택

그럼 이제, 하와가 금지된 열매를 먹었다는 사실을 안 아담이 어떤 선택을 하는지 들어 보자.

> 그대와 함께 죽으려는 것이 나의 확실한
> 결심이니, 그대 없는 이 세상 나 혼자
> 어찌 살 것인가. 그대와의 달콤한 교제와
> 이토록 깊이 맺어진 사랑을 버리고 이 황량한
> 숲속에 남아 어떻게 다시 살 것인가?
> 하나님이 제2의 하와를 창조하고 내가

또 하나의 갈빗대를 내놓는다 해도 그대의 죽음은
내 마음에서 사라지지 않으리라. 아니 자연의
사슬이 나를 끄는 것을 느끼노라. 그대는 나의
살 중의 살, 뼈 중의 뼈, 그러니 축복이든
화든 그대 몸에서 떨어질 수 없도다.

―〈제9편 906-910〉

아담은 아내와 함께 죽겠다고 결심한다. 멋지다고 느낄 수 있다. 나도 공감한다. 방송 진행자는 이렇게 물었다. "아담이 선악과를 먹은 하와를 버렸다면, 인류는 낙원에서 아담과 함께 영원히 살았을까요?"

그런데 이것은 문제가 있는 질문이다. 질문을 그대로 받으면 질문자가 정해 놓은 프레임에 갇히게 되는 함정 질문이랄까. 아내와 같이 죽거나, 혼자서 살겠다고 아내를 버리거나 양자택일밖에 없는 것으로 상정하고 있기 때문이다. C. S. 루이스는 같은 질문을 좀 더 열린 방식으로 물어본다.

"아담이 '나쁜 일을 따라 하는' 대신 하와를 나무라거나 꾸짖고 그녀를 위해 하나님께 탄원했다면 어떻게 되었을까요?" 밀턴은 말해 주지 않는다. 몰랐을 테니까. 루이스는 아마도 하나님께 다른 카드가 있었을 거라고 생각한다. 그러나 아담은 하나님께 묻지 않았고, 이제 누구도 그 답을 알 수 없게 되었다고 말한다. 그리고 이렇게 덧붙인다. "거부된

선은 볼 수 없다." 주어진 명령을 따라 봐야 어떻게 되었을지 알 수 있는데, 아담은 명령을 따르지 않았다. 가능성의 문을 스스로 닫아 버린 것이다.

이 대목에서 나는 이스라엘 백성을 이끌었던 모세 이야기를 꺼냈다. 이스라엘 백성이 엄청난 죄를 지어 하나님이 격노하신 나머지 그들을 다 없애 버리겠다고 하신 적이 있다. 그때 모세는 먼저 나서서 이스라엘 백성의 죄를 엄하게 꾸짖은 후, 그들을 벌하시려는 하나님과 이스라엘 백성 사이를 막고 섰다. 그리고 하나님께 간청한다. 차라리 저를 죽여 주십시오. 그런데 그때마다 하나님은 '마치 기다리셨다는 듯' 모세의 청을 받아들여 이스라엘을 용서하신다. 그것이 바로 인류의 대표였던 아담이 해야 할 일이었다. 아내의 죄를 따라 하는 방식으로 같이 죽겠다고 하는 것이 아니라, 가장으로서, 인류의 대표로서 옳고 그름을 분별하고 아내를 위해 목숨을 걸었어야 하는 것이다.

이 대목에서 방송 진행자가 내게 물었다. "홍 선생님이 아담이라면 어떻게 하셨을까요?" 나는 아마 나 역시 아담처럼 했을 거라고 대답했고, 진행자는 더 이상 묻지 않겠다며 나를 놓아 주었다. 나는 지금 내가 아담의 입장이었다면 그보다 더 잘했을 거라고 말하는 것이 아니라, 원리가 그렇다고 말하는 것뿐이다.

페렐란드라: 리턴 매치

아담과 하와의 죄는 인간을 대표한 죄인 동시에 원형적인 죄이기도 하다. 그런데 루이스는 그 장소를 페렐란드라(금성)로 옮겨 일종의 리턴 매치를 펼치게 한다. 한 별의 전체 운명을 좌우하는 영적 대결이 펼쳐진다는 점에서《실낙원》과《페렐란드라》는 근본적으로 같은 싸움을 그리고 있다. 그런데《페렐란드라》에서 루이스가 달리 그려낸 싸움을 보며, 나는 이전에 이 싸움에서 보지 못했던 중요한 측면들을 보게 되었다.

사탄을 홀로 상대해야 했던 하와의 경우와 달리,《페렐란드라》의 녹색 여인은 랜섬이라는 인간의 도움을 받는다. 그러니까 여기서의 싸움은 녹색 여인을 놓고 사탄의 대리인과 하나님의 대리인이 펼치는 싸움의 방식으로 펼쳐진다.

랜섬이 알려 주는 한 가지

아담과 하와의 유혹에 대해 들으면서 예전부터 했던 생각 하나. 아담과 하와가 유혹을 한두 번 이겨내는 것은 가능했을지 몰라도, 보다 구체적으로 말하자면 '운명의 그날'에 설령 하와가 유혹을 이겨냈다 해도 언젠가 다시 유혹이 찾아와서 결국에는 무너지지 않았을까. 결국은 시간의 문제가 아니었을까 하는 의혹이었다. 결국 질 수밖에 없는 게임이 아닌가 하는 절망적인 느낌이 들었다. 물론 이것은 성경에 나오지 않는 내용이고, 아직까지는 그 문제를 다룬 글을 보지 못한 것 같다. 그런데 《페렐란드라》에서 나는 그에 대한 일말의 답변을 발견했다.

랜섬은 페렐란드라로 보냄을 받아 녹색 여인을 타락시키려는 언맨의 시도에 맞서야 했다. 하지만 더 이상 사람이 아닌 존재, 잠들지도 않고 지칠 줄도 모르는 상태로 끝없이 녹색 여인을 공략하는 언맨 앞에서 랜섬은 점점 지쳐 간다. 그렇게 패색이 짙어지고 절망의 그늘이 깃들기 시작하던 어느 시점에, 랜섬은 자신이 언맨의 논리에 맞서기 위해서만이 아니라 그의 유혹을 물리적으로 끝내기 위해 보냄을 받았음을 깨닫게 된다.

작품의 설정상, 사탄은 지구 밖으로 영향력을 미칠 수 없기에 페렐란드라를 타락시키기 위해서는 인간의 자발적인 협조가 꼭 필요했다. 다시 말해 언맨을 통하지 않고는 사탄이 페렐란드라에 영향을 끼칠 수 없다. 그렇다면 랜섬이 해야 할 일은 분명해진다. 온전한 의미에서 사탄의 기계장치, 살상 도구에 지나지 않는 언맨을 물리적으로 제거하는 것이었다. 그리고 한 별의 운명을 둘러싼 언맨과 랜섬의 목숨을 건 혈투가 시작된다.

여기서 내가 의문을 가진 유혹의 기간에 대한 루이스의 생각을 엿볼 수 있다. 그는 유혹을 받는 사람이 마침내 유혹에 굴복할 때까지 언제까지나 유혹이 계속될 거라고 보지 않았다. 페렐란드라에서 언맨의 유혹이 무한 반복될 수 없도록 랜섬이 보냄을 받은 것은, 아담과 하와가 유혹을 받는 기간에 대해서도 의미심장한 메시지로 다가온다. 녹색 여인이 그랬던 것처럼 창조주를 신뢰하고 계속 싸웠다면 하와에게도 일정한 시기가 지나면 어떤 형태로건 빠져나갈 길이 주어졌으리라. 또한 유혹과 싸우는 과정을 통해 선을 더욱 귀히 여기고 믿음이 더욱 깊어지고 단단해지며 인격적으로 성숙해졌을 것이다. 물론 이것은 다 가상의 질문이고, 어쩌면 부질없다고 할 수도 있다. 하지만 그런 의문이 있었던 내게 이것은 상당히 의미 있는 답변으로 다가온다. 어떤 유혹도, 어떤 시련도 영원하지 않으니 절망해선 안 된다는 사실을 다시 한 번 확인하게 됐다.

자기를 악마에게 넘긴 사람, 언맨

이제 언맨을 좀 자세히 들여다보자. 언맨은 적극적으로 악마에게 자신을 내주어 그의 무기가 돼 버린 존재다. 이 이야기를 하려면 먼저 《페렐란드라》의 전편에 해당하는 《침묵의 행성 밖에서》를 소개해야 한다. 침묵의 행성은 지구를 말한다. 주인공인 언어학자 랜섬은 대학교 동창이던 물리학자 웨스턴에게 납치되어 졸지에 우주여행을 떠난다. 그가 도착한 곳은 말라칸드라(화성)다. 웨스턴이 랜섬을 데려온 것은 말라칸드라의 외계인들에게 희생 제물로 주려는 것이었다. 웨스턴이 말라칸드라의 외계인들을 오해해서 벌인 악행으로 드러나지만, 그것은 과학이라는 이름으로 도덕과 윤리를 깡그리 무시하는 웨스턴의 됨됨이를 잘 보여 주는 사건이었다.

그런데 말라칸드라에서 지구로 돌아온 랜섬은 속편 《페렐란드라》에서 특별한 임무를 띠고 페렐란드라로 보냄을 받는다. 그곳은 마치 먼 옛날 에덴동산과 같은 순수한 상태였다. 랜섬은 그곳에서 녹색 여인을 만난다. 지구로 말하자면 하와에 해당하는 인물이다. 먼 옛날 지구에서처럼 녹색 여인을 타락시키고자 악의 세력에 의해 한 사람이 보냄을 받고, 그것을 막고자 랜섬이 보냄을 받은 것이었다. 그런데 랜섬이 상대해야 할 적이 알고 보니 웨스턴이었다.

"키와 체구, 피부 빛깔과 외모로 볼 때 틀림없는 웨스턴이었다. … 하지만 알아볼 수 없는 사람이기도 했다. … 인간이 아니었다. 다른 생명은 웨스턴의 몸을 차지하고 걸어 다니고 있었다. 웨스턴 자신은 없어진 것이었다. … 그 모습을 보는 것만으로도 고통"스러운 일이었다. 랜섬은 그를 '언맨'(Unman, 비인간)이라 부른다.

언맨은 뛰어난 지성과 언변으로 랜섬과 치열한 설전을 벌이고 녹색 여인에게 허영심과 자기애를 불러일으켜 창조주에게 불순종하도록 유도한다. 그런데 언맨에게 지성은 단순한 무기에 불과하다. 육체도, 이성도, 그의 본질이 아니라 도구다. 급기야 존재의 본질이라 할 의지조차 그의 것이라 할 수 없어진다. "타락한 의지를 가진 피조물로 보이지 않았다. 그것은 타락 자체였다. 거기에 의지가 도구처럼 달려 있을 뿐이었다. 오래전 그것은 한 개인이었지만, 이제는 타락한 자아가 되어 그 안에서 양심의 가책을 못 느끼는 무기로 살아남았다."

언맨을 무기라고 말하는 이 대목에서 나는 로마서의 사도 바울의 권고가 떠올랐다. "너희 지체를 불의의 무기로 죄에게 내주지 말고 오직 너희 자신을 죽은 자 가운데서 다시 살아난 자같이 하나님께 드리며 너희 지체를 의의 무기로 하나님께 드리라"(6:13). "너희 자신을 종으로 내주어 누구에게 순종하든지 그 순종함을 받는 자의 종이 되는 줄을 너희가 알지 못하느냐?"(6:16)라는 바울의 수사의문문은 루이스의 이야기에서 살과 피를 입고 그로테스크하게 재현되고 있었다.

언맨의 모습은 자신의 "지체를 불의의 무기로 죄에게 내주"는 선택의 끝에서 맞이하게 될 결과를 섬뜩하게 보여 준다. "이제 웨스턴은 인간이 아니었다. 오래전 그의 인간성을 먹어 치우기 시작한 세력들이 이제 일을 마무리했다. 중독성 있는 의지가 지성과 애정에 천천히 독을 주입하더니 마침내 의지마저 독에 취하여 영혼의 유기체를 산산조각 냈다. 유령만 남았다. 끝없이 쉬지 못하는 존재, 파편, 파멸, 썩은 내만 남았다. 랜섬은 생각했다. '그리고 이게 내 운명이거나 그녀(녹색 여인)의 운명이 될 수도 있겠지.'"

출구는 하나다

앞에서 사탄이 하나님께 돌아갈 수 있는가에 대한 질문을 던졌다. 사탄은 돌아갈 마음이 전혀 없기 때문에 이 질문은 결코 실질적인 문제가 되지 않는다. 물론 용서와 회개는 인간에게만 주어진 은혜라는 주장도 있다. 《데몬》의 저자 토스카 리는 타락 천사의 입을 빌려 그것이 얼마나 특별한 일인지 생생하게 드러낸다. 인간에게만 주어지는 지독한 편애, 차별이라고 일갈한다. 그에 반해 단 한 번의 범죄로 돌이킬 수 없이 타락한 천사들. 토스카 리는 악마들이 인간을 미워하는 이유로 거의 무제한의 용서와 재기의 기회를 허락받는 데 대한 질투를 꼽는다.

보통의 사람들뿐 아니라 언맨에게도 그런 기회가 남아 있을까에 대해 질문하게 된다. 가끔 언맨이 차지한 웨스턴의 몸에서 웨스턴의 것으로 보이는 목소리가 들려온다. "나는 시커먼 큰 구덩이에 빠져 있소. 생각을 잘 못하지만 … 그가 나 대신 생각을 다 해주니 … 그 어린 친구가 계속 창문을 닫고 있소. … 그들이 내 머리를 떼어 내고 다른 사람의 머리를 내 몸에 붙였소. … 왜 1등석 비용을 내고도 이렇게 콩나물시루 같은 데 박혀 있어야 되는지 이유를 알고 싶소. … 날 그냥 내버려 두시오."

그러다 개 짖는 소리로 넋두리는 끝났다. 도움을 청하기도 한다. "랜섬, 제발 … 그들이 … 하지 않게." "나를 이 곤경에 두고 가지 마시오." "겹겹이 쌓인 곳 바로 아래, … 산 채로 묻힌 것 … 죽어서 껍질 밑으로 다시 끌려갈 거요. … 그들이 날 다시 데려가게 하지 마시오."

그러나 그런 순간에도 그 말을 하는 것이 과연 웨스턴인지는 분명하지 않다. 왜냐하면 그자는 결국 그렇게 랜섬의 동정심을 불러일으킨 후, 혹은 방심하게 만든 후 곧장 랜섬을 공격하고, 그의 목숨을 노리기 때문이다. 그러나 어쨌거나 랜섬은 도움을 청하는 언맨에게, 아니 언맨의 그 어딘가에 희미하게 남아 있는 웨스턴에게 권한다. "어른처럼 기도를 못하겠거든 어린이처럼 기도해 보도록 해요. 죄를 회개하십시오."

너무 늦지 않았을까? 모르긴 해도 그런 것처럼 보인다. 그러나 아직 사람인 경우라면 상황은 전혀 다르다. 끝나기 전에는 끝난 것이 아니다. 그리스도의 약속이 있기 때문이다. "내게 오는 자는 내가 결코 내쫓지 아니하리라"(요 6:37). 그분께 나아가기만 한다면.

14
영광의 예언 앞에
드러나는 실체

아이를 학교에 보내고 출근하는 남편을 배웅한 아내는 왠지 들떠 있다. 그때 노크 소리가 들린다. 밖에서 애타게 기다리던 애인이다. 두 사람은 신이 나서 얼싸안고 2층으로 올라간다. 그때 남편이 집으로 들어와 가위를 챙긴다. 상황을 눈치채고 집 밖에서 지켜보고 있었던 것이다. 2층에서 들려오는 남녀의 농탕질 소리. 남편은 가위를 들고 2층 침실로 들어와 침대 옆에 기대어 앉는다. 그리고 울먹인다. 그때 바람난 남녀가 문을 열고 들어와 침대에 눕는다. 그들을 바라보고 서 있는 남편을 보게 된 아내. 남편은 순간적으로 폭발하여 가위를 들고 아내를 찌르려 한다.

그 순간 방문이 벌컥 열리며, 누군가 가위를 든 남편을 제압하며 말한다.

"워싱턴 DC 사전범죄부 법령에 의거해, 4월 22일 오늘 자로 벌어질 사라 마크스와 도널드 두빈의 미래 살인 혐의로 체포한다."

아내가 반문한다.

"뭐라고요?"

체포된 남자는 이렇게 항의한다.

"난 아무 일도 하지 않았어!"

그는 끌려가면서도 이렇게 소리친다.

"난 죽이지 않았을 거야. 아내를 다치게 할 생각은 없었다고! 겁만 줄 생각이었어!"

짐작하셨겠지만, 스티븐 스필버그 감독, 톰 크루즈 주연의 영화 〈마이너리티 리포트〉의 한 장면이다. 2002년도 작이니 10년도 훌쩍 넘은 영화임에도, 미래를 알 수 있다면 그 미래에 저지른 죄에 대해 지금 책임을 물을 수 있는지 흥미로운 질문을 던진다. 그런데 이제는 이 질문이 영화 속 세계에 머물지 않는다. 빅데이터의 축적으로 인해 가능해진 예측 분석이 현실에서 화려한 성과를 내고 있기 때문이다.

《예측 분석이다: 빅데이터의 다음 단계는》의 저자인 데이터 마이닝 전문가 에릭 시겔은 그런 사례들을 여럿 제시한다. 예를 들어 신고가 들어오면 비로소 출동하던 경찰이, 빅데이터를 활용한 예측 분석으로 특정 날짜에 사건 발생 가능성이 높은 구역에서 선제적으로 대응해 범죄 발생률을 현저히 떨어뜨린 경우다. 멋지고 훌륭한 사례이다. 예측 분석의 힘을 나타낼 뿐, 별다른 부작용을 생각할 수 없다. 그렇다면 가석방 심사에 예측 분석의 결과를 적용하는 것은 어떨까.

가석방 허가는 수감자가 개심한 증거가 역력하여 형량을 다 채우지 않은 상태라도 사회에 나가 건전한 삶을 꾸려 나갈 수 있는 사람이라는 판단에 근거한다. 그런데 가석방 검토 대상자에 대해 여러 면에서(범죄 내용, 재범 여부 등) 그와 비슷한 수감자들의 빅데이터가 나와 있을 테고, 이를 활용한 예측 분석이 가능할 것이다. 그런데 여기서 판사가 가석방 여부를 결정할 때 예측 분석의 결과를 참고하는 것이 타당할까 하는 것이다. 어떻게 생각하는가?

예측 분석의 결과가 옳을 가능성은 확률적으로 상당히 높겠지만, 정작 눈앞에 있는 특정 재소자가 가석방을 받고 나가서 어떻게 할지는 뚜껑을 열기 전에는 아무도 모른다는 것이 문제이다. 하지만 그런 이유로 빅데이터를 이용한 예측 분석을 여기서는 활용해서는 안 된다고 넘어가기에는 미진한 부분이 있다. 판사 또한 많은 내외적 요소에 쉽게 휘둘리는 연약한 인간이기 때문이다. 가석방 허가 비율은 판사가 든든히 식사를 하고 기분 좋은 상태에서 검토를 시작할 때는 60퍼센트가 넘게 높은 비율로 나타난다고 한다. 그러다 시간이 갈수록 떨어지면서 마침내 배고픈 시간이 되면 그 비율이 거의 0이 된다고 한다. 한 사람과 그의 가정,

넓게는 사회 전반에 큰 영향을 미칠 수 있는 문제가 판사의 위가 채워졌는지 비워졌는지에 따라 좌우된다니, 객관적 판단이라는 것에 대한 근본적인 회의가 들 정도이다. 그래서 미국에서는 가석방 검토 과정에서 빅데이터를 활용한 예측 분석을 부분적으로 참고하는 흐름이 생겨나고 있다고 한다.

이 사례는 빅데이터 예측 분석이 갖는 가치와 한계를 잘 보여 준다. 인간의 판단이 갖고 있던 한계를 극명하게 드러냈고, 그러면서도 예측 분석을 도입하는 것이 인간의 판단과 도덕적 선택의 자리를 대신할 수는 없다는 점을 잘 보여 준 것이다.

나는 예측 분석의 가치와 한계를 예언에 적용할 수 있고, 그런 면에서 예측 분석은 현대판 예언이라 할 만하다는 생각이 들었다. 예언에 대한 성찰은 시대가 바뀌고 기술이 발전한 오늘날에도 여전히 유효하다는 생각도 하게 되었다. 이름과 형태가 달라졌을 뿐, 인간의 근본적인 문제는 전혀 달라지지 않았다. 셰익스피어의 《맥베스》, 성경의 다윗과 하사엘 이야기, 그리고 C. S. 루이스의 〈나니아 연대기〉로 이야기를 풀어 볼까 한다.

세 가지 예언

큰 공훈을 세우고 돌아오는 맥베스를 찾아온 세 마녀. 그들은 맥베스를 보고 이렇게 외친다.

마녀 1: 맥베스 만세! 글램즈 영주 만세!
마녀 2: 맥베스 만세! 코더 영주 만세!
마녀 3: 맥베스 만세! 장차 왕이 되실 분 만세!

마녀 1이 한 말은 맥베스의 기존 신분을 읊은 것에 불과하다. 알 만한 사람은 다 아는 내용이다. 마녀 2가 한 말은, 맥베스는 몰랐으나 그때 이미 이루어진 현실이었다. 또한 맥베스가 이 예언(?)을 이루기 위해 달리 어떤 조치도 취할 필요가 없었다. 그냥 장군으로서의 본분에 충실하게 전투를 승리로 이끌었을 때 따라온 결과였다. 결국 미래의 일을 말한 것, 엄밀한 의미에서 예언이라 할 만한 것은 마녀 3이 한 말뿐이다. 앞으로 왕이 되실 분이여.

마녀 2의 말을 생각해 보자. 맥베스가 마녀 3의 말에 의미를 부여하게 만든 징검다리가 된 말이다. 하지만 코더 영주가 된 것은 마녀의 말과는 사실 아무 관계도 없었다. 맥베스가 코더 영주가 된 것은 맥베스의 전공을 높이 산 왕의 신뢰의 표현이었다. 충신이라면 자신을 알아준 왕을 고맙게 여기고 그의 신뢰를 자랑스럽게 여기며 그것에 보답하려 하는 것이 마땅할 것이다. 그런데 마녀 2의 예언이 사실로 드러나자, 맥베스는 마녀 3의 예언을 진지하게 받아들이기 시작한다.

하사엘과 다윗

이스라엘의 위대한 예언자 엘리사가 시리아의 다마스쿠스에 갔을 때의 일이다. 마침 시리아의 왕 벤하닷이 병에 걸렸는데, 왕은 신하 하사엘에게 선물을 잔뜩 싣고 엘리사를 찾아가 자신이 회복되겠는지 물어보게 했다. 그런데 하사엘을 만난 엘리사는 뜻밖의 대답을 했다. "가서 왕에게 회복될 거라고 말하시오. 그러나 주께서는 그가 반드시 죽을 것이라고 내게 계시해 주셨소." 그다음 엘리사는 하사엘이 부끄러워 민망해질 정도로 그를 뚫어져라 쳐다보다 울음을 터뜨렸다. 그리고 그가 이스라엘 사람들에게 온갖 만행을 저지를 거라고 예언했다. 자기가 무슨 힘이 있어 그럴 수 있겠느냐고 하사엘이 손사래를 치자, 엘리사는 그가 왕이 될 거라고 예언했다. 그날 하사엘은 왕에게 돌아가 회복될 거라 전하며 안심시킨 후, 밤에 담요를 물에 적셔 왕을 질식사시키고 왕위에 오른다. 그러고 보니 이거, 맥베스 이야기와 상당히 흡사하다.

다윗은 아직 풋내기였을 때 사무엘에게 기름부음을 받고 왕으로 내정되었다. 이것은 예언보다 더 확실한, 공식적인 조치였다. 물론 그와 그의 가족들은 비밀을 지키느라 오랫동안 가슴을 졸여야 했을 것이다. 이후 그가 골리앗을 무찌르고 사울의 총애를 받아 승승장구했을 때, 그는 자신에게 주어진 약속이 이렇게 이루어지는구나 생각했을 것이다. 그러다 사울이 덜컥 자신을 질투하여 날카로운 발톱을 드러냈을 때는 참으로 암담했을 것이다. 그리고 사울에게 쫓겨 다니던 와중에 두 번이나 사울 왕을 죽일 기회가 생겼을 때는, 그것이 하나님의 기름부음이 마침내 현실화될 수 있는 절호의 기회라고 생각할 수도 있었을 것이다. 그러나 그는 그런 '쉬운 길'을 거부했다.

하사엘과 다윗은 왕이 된다는 같은 예언을 받은 셈이었는데, 아니 다윗은 아예 왕으로 기름부음까지 받았으니 더 확실한 보장을 받았는데 둘의 반응은 전혀 달랐다. 하사엘은 자신이 왕이 된다는 보증수표를 쥐고 왕궁으로 돌아가 자기 방식대로 왕권에 도전한다. 그날 밤, 왕을 살해하고 왕위에 오름으로써 예언을 실현한 것이다. 다윗은 예언보다 더 확실한 기름부음을 받았고, 그런 자신의 목숨을 위협하는 사울 왕의 생명을 빼앗을 수 있는 기회가 두 번이나 있었음에도 두 번 다 살려 주었다.

다윗 자신이 진작 왕으로 하나님의 기름부음을 받았으니 사울은 이미 폐위된 것 아닌가. 그렇다면 지금 폐위된 왕이 진정한 왕을 위협하고 있는 이 상황을 그대로 방치할 수 없다. 그러나 다윗은 그렇게 판단하고 행동하지 않았다. 하나님이 자신을 정말 왕으로 세우고자 하신다면, 하나님의 방법으로, 하나님의 때에 그렇게 해주실 거라 믿었다.

만약 그때 다윗이 사울을 자기 손으로 처단했다면,

사울을 배출한 베냐민 지파의 지지는 영영 얻을 수 없었을 것이다. 이후 다윗의 행보를 보면 그가 모든 지파의 지지를 받는 왕으로서 나라의 온전한 통일을 이루는 일에 지대한 관심을 보이는 것을 알 수 있다. 단지 왕이 되는 것이 목표가 아니라 어떤 왕이 될 것인가, 어떻게 나라의 통일을 이룰 것인가에 고민이 있었던 것이다. 사울 왕에게 쫓겨 다닌 10여 년은 참으로 고달프고 서러운 도망자로 보낸 세월이었으나, 이스라엘 방방곡곡을 누비며 다윗이라는 정치 지도자의 의로움과 존재감을 확실히 알린 시기이기도 했다.

예언이 무엇을 바꿔 놓는가?

예언이라는 게 참 신비하다. 진정한 예언이라면 그 예언대로 이루어지는 것 아닌가. 하사엘에 대한 예언과 다윗에 대한 예언은 둘 다 이루어졌다. 그런데 두 사람은 각자 생긴 대로, 각자의 평소 믿음에 충실한 선택과 행동으로 그 예언을 실현해 갔다. 예언의 대상이 되는 사람의 본질을 극명하게 드러내 주는 것이 예언의 중요한 결과였다.

마녀들의 예언이 맥베스를 홀렸다고 할 수 있을까? 맥베스의 권력욕에 불을 질렀다고 할 수는 있겠다. 하사엘이 그랬던 것처럼, 맥베스는 자신이 왕이 된다는 예언에 힘입어 그 예언을 자신의 방식으로 착착 실현해 나간다. 예언된 일이기에 그 일을 이루기 위한 어떤 행동도 정당화되는 것처럼 행동한다. 사실 그렇다. 성공 여부를 알 수 없는 것이 문제이지, 성공이 보장된 일이라면 주저할 이유가 무엇인가. 걸리지 않는다는 확실한 보증만 있다면 온갖 못된 일들이 난무할 것이다. 감옥에 갈 일만 하지 마라. 누군가는 이것이 미국 대학 MBA 윤리 수업의 핵심이라고 했다. 뒤집어 말하면 투옥될 위험만 없다면 무슨 일이든 허용된다는 의미다.

맥베스는 왕을 제거하고 살인 혐의를 덮어씌우기 위해 왕의 호위병들도 죽인다. 그렇게 시작된 한 가지 거짓을 감추기 위해 더 큰 거짓과 피 흘림이 따라왔다. 처음 얼마 동안 그는 상당히 주저하고 괴로워하지만 나중에는 막무가내인 느낌마저 든다. 마치 인생을 포기한 듯하다.

예언이 맥베스의 실체를 드러냈다. 예언은 사람을 달라지게 만들지 않는다. 그의 성향, 지향점을 증폭시키고 극대화시킬 뿐이다. 맥베스가 어떤 인물인지는 희곡 전체에 걸쳐 적나라하게 드러나는데, 그의 생각을 잘 보여 주는 대사가 있다. 왕이 된 맥베스가 상황이 여의치 않자 마녀들을 찾아가 예언을 들려 달라고 청하는 대사이다.

"너희들이 어디서 신통력을 얻었는지 모르지만, 정말 예언 능력이 있다면 말해 다오. 그것을 말함으로 세상이 엉망진창이 된다 해도 난 듣고 싶다."

대체 역사

맥베스가 덩컨 왕을 살해하지 않았다면 어떻게 되었을까? 그래도 마녀의 예언대로 왕이 되었을까? 부질없는 질문이긴 하지만 흥미로운 질문인 것도 사실이다. 다윗은 어떤가? 절호의 순간에 사울 왕을 죽였다면 그는 이스라엘의 왕이 되었을까?

C. S. 루이스는 〈나니아 연대기〉에서 이 대체 역사에 대한 질문에 두 가지 방식으로 대답한다. 하나는 그 질문에는 답이 주어지지 않는다는 것이다. 누구나 자신의 선택에 따른 결과만 볼 수 있을 뿐, 다른 선택을 했다면 어떻게 되었을까 하는 가능 세계에 대한 대답은 우리에게 가려져 있다는 것이다. 이 대답은 나니아를 창조한 사자 아슬란의 입을 빌려 나니아 시리즈 전체에 걸쳐 여러 번 등장한다.

그런데 총 7편의 〈나니아 연대기〉 전체에서 그 질문에 대한 답이 딱 한 번, 1편 《마법사의 조카》에 등장한다. 병든 어머니와 우울한 유년기를 보내고 있던 주인공 디고리는 창조된 지 얼마 안 된 나니아에 악한 마녀 제이디스를 끌어들이는 큰 잘못을 저질렀다. 나니아의 창조자 아슬란은 디고리의 잘못을 자기 손으로 바로잡을 수 있는 기회를 주는데, 나니아 너머의 어느 산에 있는 정원에서 사과를 하나 따오는 임무였다. 정원 문에는 이런 글귀가 적혀 있었다.

황금 문으로 들어오지 않으려거든 아예 들어오지 말라.
다른 사람들을 위해서가 아니면 내 열매를 가져가지 말라.
내 담을 넘는 자나 열매를 훔치는 자는
마음의 소원을 얻게 되고 절망하게 되리라.

 디고리는 정원에서 성공적으로 사과를 하나 따지만 이미 그곳에 와 있던 제이디스를 만난다. 담을 넘어와 이미 사과를 하나 따 먹은 제이디스는 디고리에게 아슬란의 명령일랑 무시하고, 사과를 하나 따서 병든 어머니에게 갖다 주라고 한다. 디고리는 간신히 제이디스를 따돌리고 아슬란에게 돌아온다.

 디고리가 제이디스와 있던 일에 대해 이야기하자, 아슬란은 이렇게 대답한다. "그 사과가 네 어머니를 낫게는 했을 것이다. 하지만 너와 네 어머니의 기쁨이 되지는 못했을 것이다. 너와 함께 어머니가 옛일을 돌이켜 보면서, 차라리 그 병으로 죽었으면 좋았을 거라 말할 날이 올 테니까."

 다윗이 사울 왕을 제거하는 선택을 했다면, 그는 아마 더 빨리 왕이 되었을지 모른다. 그러나 그는 성경에 나오는 다윗 왕과는 다른 사람이었을 것이다. 의와 공도로 나라를 다스리는 왕이 아니었을 것이다. 어쩌면 사람들이 치를 떠는 왕이 되었을지도 모른다.

 맥베스는 어떨까? 그가 다른 선택을 내렸다면? 충성

스러운 신하로 계속 살아갔다면? 말도 안 되는 질문이다. 다윗과 달리 맥베스는 셰익스피어가 만들어 낸 작품 속 등장인물일 뿐이니까.

우리는 어떤가. 내가 아니라도 누군가가 그 일을 했을 거라는 논리로 여러 가지 행동을 정당화하지 않는가. 어선들의 남획으로 멸종 위기에 있는 어종은 같은 논리로 오히려 더 빨리 멸종에 이른다고 한다. 내가 아니라도 어차피 다른 어선들이 마구 잡아들일 테니, 나만 어획을 하지 않는 것은 손해 보는 일이다. 조금이라도 남아 있을 때 하나라도 더 잡아들여야 한다. 이렇게 해서 정말 싹쓸이가 이루어진단다.

예상된 어떤 흐름에 기대어 자신의 행동을 정당화하는 것, 예언에 기대어 어차피 벌어질 일이니 괜찮다고 말하는 것은 곤란하다. 예수께서는 이렇게 말씀하셨다. "실족케 하는 일이 없을 수 없으나, 실족케 하는 사람에게는 화가 있다." 누군가를 다치고 상하게 하고 진리에서 벗어나게 하는 일이 반드시 있겠지만, 너는 그 일을 하는 사람이 되지 말라는 말이 아닌가. 어차피 벌어질 일, 내가 아니라도 누군가는 하게 될 일일지도 모른다. 하지만 너는 그 일을 하지 말라. 다른 누가 어떤 길로 가든 '오직 나와 내 집은' 제 갈 길을 가겠다는 뚝심이 필요하다. 우리는 작품의 등장인물이 아니기 때문에. 사람이기 때문에.

15
부르실 때
감당할 힘도 주신다는
믿음

너무한 거 아닌가요?

우리 교회 중고등부는 매일 큐티 본문을 묵상하고, 주일마다 묵상한 내용을 나눈다. 본문이 출애굽기였을 때의 일이다. 출애굽기 25장부터 성막과 성막에 쓸 물건들을 어떻게 만들라는 자세한 규정이 여러 장에 걸쳐 등장한다. 우리 반의 한 아이가 2주째 하루도 빠짐없이 이어지는 '끝없는' 지시 사항에 질렸는지 이렇게 물었다.

"아무리 하나님이시지만 이거 너무한 거 아닌가요?"

딴에는 그렇게 생각할 수 있겠다 싶었다. "뭐 이렇게 하라는 것이 많아요? 좀 내버려 두면 안 되나요?" 하는 사춘기 특유의 거부감을 솔직히 토로한 것이었다. 이런 것까지 시시콜콜 지시하셔서 사람을 옴짝달싹 못 하게 하는 하나님이라면 믿고 따라가기 참 피곤하겠다는 생각이 들었는지도 모르겠다. 그 심정, 나도 알 것 같았다. 이해가 되었다.

질, 나니아에 오다

〈나니아 연대기〉 6권 《은의자》에는 '질 폴'이라는 새로운 여주인공이 등장한다. 질은 5권 《새벽 출정호의 항해》에서 용이 되었다가 사람으로 돌아온 유스터스 스크러브와 함께 나니아를 누빈다. 처음 등장할 때 유스터스가 천하의 악동으로 나왔던 것처럼, 질 폴도 처음에는 상당히 까칠하고 제멋대로인 아이로 등장한다.

질이 까칠하게 된 데는 사연이 있다. 질은 실험학교에 다니는데 그곳은 지독한 곳이었다. 학교 운영자들이 "학생들이 하고 싶어 하는 것은 뭐든지 다 할 수 있도록 해야 한다"는 사고방식을 갖고 있었기 때문이다. 이것이 왜 문제가 되느냐고? 불행히도, "가장 덩치 좋은 열댓 명의 학생들이 가장 좋아하는 일은 다른 아이들을 못살게 구는 것이었"기 때문이다.

《은의자》는 그 아이들에게 괴롭힘을 당하고 울고 있던 질이 유스터스와 마주치는 장면으로 시작된다. 유스터스는 원래 그 아이들의 '똘마니'였는데, 지난 학기부터 달라져서 그 아이들의 표적이 되어 있었다. 유스터스가 자신이 달라진 이야기를 하다 보니 나니아 이야기를 꺼내게 되었고, 암담한 학교 현실을 보니 나니아로 가고 싶은 마음이 간절해졌다. 그래서 둘은 나니아의 주인 아슬란에게 부탁한다. "제발 우리 둘을 그곳에 갈 수 있도록 해주……."

그러나 둘은 부탁을 채 마치기도 전에 '그 아이들'에게 위치가 발각되어 쫓기는 신세가 된다. 그리고 아이들을 피해 학교 뒤 돌담의 작은 문을 통해 밖으로 나간다. 그리고 다른 세계에 들어선다. 새소리에 홀려 두리번거리며 가던 그들은 절벽 끝에 이르는데, 여기서 질이 잘난 체를 하다 절벽에서 떨어질 뻔하고 유스터스가 질을 구하려다 끔찍한 일이 벌어진다. 질이 겁에 질리고 어지러운 나머지 버둥대다 유스터스를 절벽 밑으로 밀쳐 버린 것이다.

내가 본 어린이 책에서도 가장 충격적인 이 장면에서 거대한 사자가 등장한다. 그리고 거대한 사자 아슬란은 입김을 내뿜어 유스터스를 멀리 날려 보낸다. 끔찍한 사건이 신비한 모험으로 넘어가는 명장면이다. 그리고 이제 질은 처음 보는 무시무시한 사자를 혼자서 상대해야 한다.

명령을 내리는 아슬란

아슬란은 협상 불가의 초월적 존재로 자신을 드러낸다. 그리고 먼저 질의 잘못을 인정하게 만든다. 설명하거나 둘러대지 말고 사실 그대로. 유스터스가 어디 있느냐는 아슬란의 질문에 질은 처음에는 "절벽에서 떨어졌다"라고 답했으나 결국 자기가 뽐내려다 유스터스를 떨어지게 만들었음을 정직하게 인정한다. 아슬란은 비로소 본론으로 들어간다.

아슬란은 질의 잘못으로 인해 질의 임무가 좀 힘들어졌다고 말한다. 그리고 그 임무 때문에 유스터스와 질을 이곳으로 불렀다고 말한다. 이 말에 질은 당황한다. 누가 불러서 온 것이 아니라 자기들이 오고 싶어서 아슬란을 불렀던 것이기 때문이다. 그런데 아슬란은 이렇게 대답한다. "내가 너희를 부르지 않았다면, 너희도 나를 부르지 않았을 것이다."

이것은 〈나니아 연대기〉에서 지속적으로 나오는 테마이다. 실험학교 운영자들은 엉터리로 학교를 운영하는 무책임한 행동을 했고, 못된 아이들은 학교 측의 방임을 틈타 제 멋대로 남을 못살게 굴었다. 질과 유스터스는 그 와중에 나니아를 그리워하게 된다. 이 모두가 질과 유스터스가 아슬란을 부르게 만드는 도구가 된다. 그런데 이 모든 것 이전에 아슬란의 부름이 먼저 있었다.

아슬란은 실종된 나니아의 왕자를 찾아내는 임무를 질에게 맡긴다. 그리고 그 길을 인도하는 네 가지 표지를 알려 준다. 첫째, 나니아에서 유스터스의 오랜 친구를 만나 인사를 해야 한다. 그러면 큰 도움을 받을 것이다. 둘째, 나니아를 벗어나 고대 거인들이 살던 폐허의 도시에 닿을 때까지 북쪽으로 계속 가야 한다. 그러면 큰 도움을 받을 것이다. 셋째, 그 폐허의 도시에서 돌에 새겨진 글을 발견하면 그대로 해야 한다. 넷째, 잃어버린 왕자는 질과 유스터스에게 처음으로 아슬란의 이름으로 무엇인가를 부탁하는 사람일 것이다.

질은 네 가지 표지를 듣고 알겠다고 하지만, 아슬란은 명령을 받은 자가 해야 할 첫 번째 일을 알려 준다. 그 일은 표지를 기억하는 것이었다. 기억하고 또 기억하라고 한다. "아침에 눈을 떴을 때, 밤에 자기 전에, 한밤중에 자다 깨었을 때도" 늘 기억해야 한다. 둘째, 저 아래로 내려가면 혼란에 사로잡히고 생각하던 것과 표지가 달라 보일 것이다. 그래도 "표지를 기억하고 믿어야 한다. 다른 것은 중요하지 않다."

바른 길로 가고 있음을 확인할 방법

질은 아슬란의 도움으로 유스터스를 다시 만나지만, 자기가 저지른 사고로 시간이 지체된 바람에 첫 번째 표지를 놓치고 만다. 그래도 퍼들글럼이라는 비관적인 나니아의 말하는 동물을 동행으로 삼고 왕자 찾기 원정에 나선다. 여행이 길어지면서 지쳐갈 무렵, 질 일행은 녹색 여인을 만난다. 그리고 그 여인의 안내를 따라간 끝에 거인들의 성에 이른다. 그곳에서 잘 먹고 편안하게 잠든다. 그날 밤, 질은 꿈을 꾼다. 꿈속에서 아슬란이 나타나 질에게 표지를 말해 보라고 한다. 질은 표지를 죄다 잊어 버렸음을 깨닫고 하얗게 질린다. 아슬란은 질을 물고 창가로 가서 바깥을 내다보게 한다. 창밖으로 어딘지 모를 곳에 "내 아래"라는 글귀가 적혀 있었다.

날이 밝은 후 유스터스와 함께 바깥을 내다본 질은, 창밖에 폐허의 도시가 펼쳐 있고, 자신들이 전날 거인의 성으로 오려고 힘들여 지나온 그곳이 바로 두 번째 표지에서 말한 곳임을 알게 된다. 그리고 그곳에 큰 글씨로 "내 아래"라고 적힌 것도 보게 되었다. 세 번째 표지였다. 그리고 곧이어 자신들이 심각한 위험에 처해 있음을 알게 된다. 이제 그들은 목숨을 건 탈출을 시도해야 한다.

질 일행은 천신만고 끝에 간신히 거인들의 손아귀에서 벗어나 폐허의 도시에 있는 "내 아래"라는 세 번째 표지가 시키는 대로 한다. 그러나 그들을 기다린 것은 어두운 지하 세계였고, 난쟁이들의 창끝이었다. 어떻게 될지 한 치 앞도 알 수 없는 암울한 상황이 펼쳐진다.

이 두 상황은 참 역설적이다. 표지가 아니라 초록 여인의 말에 말려들어 눈보라를 뚫고 서둘러 제 발로 들어간 거인들의 성은 안락하고 편안해 보였다. 그곳은 그대로 있으면 확실히 목숨을 잃게 될 사지死地임이 다음 날 밝혀지긴 하지만, 적어도 하룻밤 동안 괜찮아 보였다.

반면 세 번째 표지를 따라 "내 아래"라고 새겨진 글

귀 밑으로 내려간 그들은 기대했던 대로 아슬란의 따스한 음성을 들은 것이 아니라 포로 신세가 되고 만다. 낙심한 질에게 일행인 마슈위글은 용기를 잃지 말라고 위로하며 이렇게 말한다.

"우린 다시 맞는 길로 들어온 거야. 폐허의 도시 아래로 가야 한다고 했는데, 지금 그 아래에 있잖니? 우린 다시 표지를 따라가는 거야."

내가 바른 길로 가고 있는지 확인할 방법은 당장의 상황이 평탄한가, 잘 풀리는가가 아닐 수 있음을 보여 준다. 이런 것들로 성공과 실패를 말할 수 없다. 아니, 오히려 성공과 실패를 다르게 정의해야 할지도 모르겠다.

장기려 박사는 〈패배의 승리〉라는 후지이 다케시의 시를 읽고 바울의 다메섹 경험과 비교할 만한 영향을 받았다고 한다. 예언자 예레미야는 타락한 이스라엘 백성에게 50년간 회개를 촉구했으나 결국 한 사람도 회개시키지 못하고 비참하게 죽어갔는데, 이 시는 그런 예레미야의 인생을 가리켜 '완전한 실패의 생애'라고 말했다. 그리고 "승리는 패배에 있다"라고 노래했다. 시대에 따라, 소명에 따라 그처럼 철저하게 패배해야 하는 사람이 있다.

물론 자신이 수행해야 할 길을 뚜벅뚜벅 걸어가 큰 성공을 맛본 사람들도 있지만, 자신이 받은 하늘의 표지를 따라가는 대부분의 우직한 사람들은 입을 것과 먹을 것이 있고, 몇 사람의 부양가족이 근근이 쓸 것을 공급받는 정도로 고만고만하게 살아가게 될 것이다. 결국 성공과 실패를 가르는 척도는 표지를 따라갔느냐, 아니면 다른 것을 따라갔느냐 그것 자체가 되어야 할 것이다.

엄한 주인

《은의자》에서 아슬란은 대단히 무리한 명령을 내리고, 그것을 이루도록 재촉하는 엄한 주인처럼 보인다. 하지만 잘 살펴보면 아슬란이 명령을 내린 후 손을 놓고 있는 것이 아니라, 그 명령을 이루도록 돕고 있음을 알 수 있다. 아슬란은 질에게 나타나 그녀가 망쳐 놓은 상황을 바로잡아 주었다. 말은 더없이 비관적으로 하지만, 실제로는 누구보다 믿음직한 친구 퍼들글럼을 동행으로 붙여 준 것도 분명 아슬란의 섭리였을 것이다. 결정적으로 일이 잘못되었을 때 꿈에 나타나 상황을 분별하게 해준 것도 아슬란이었다. 그리고 무엇보다 아슬란은 네 가지 표지의 형태로 질 일행이 바른 길로 갈 수 있는 길잡이를 제공했다. 표지를 잊지 않고 따라가는 것이야말로 아슬란의 보호와 인도를 받는 확실한 길이었다.

여기서 우리는 예수님의 달란트 비유를 떠올려 볼 수 있다. 한 달란트를 받은 사람은 왜 다섯 달란트, 두 달란트 받은 사람과 달리 자신의 달란트를 땅에 묻었던가? 그의 변명을 들어 보자.

> 주인님, 나는, 주인이 굳은 분이시라, 심지 않은 데서 거두시고, 뿌리지 않은 데서 모으시는 줄로 알고, 무서워하여 물러가서, 그 달란트를 땅에 숨겨 두었습니다. 보십시오, 여기에 그 돈이 있으니, 받으십시오
>
> —(마 25:24-25, 새번역)

당신은 굳은 사람이라 말도 안 되는 것을 요구하십니다. 준 것도 없이 내놓으라고 요구하십니다. 그러니 그냥 묻어 버리고 버티겠습니다. 행할 힘도 안 주고 행하라 하시면 어떡합니까. 다섯 달란트, 두 달란트 받은 종과 한 달란트 받은 종의 가장 큰 차이는 종잣돈의 액수가 아니라 주인에 대한 생각이었다.

그는 주인을 오해했다. 그러면서도 스스로 주인의 실체를 꿰뚫어 보았다고 생각했다. 누가 순순히 당할 줄 아느냐고 회심의 미소를 지으며 달란트를 묻었을지도 모른다. 그렇게 그는 주인에게 당하지 않으려다 스스로 속고 말았다.

성막을 지으라 하신 이유

출애굽기의 성막 이야기로 돌아가 보자. 나는 질문했던 아이에게 이어지는 본문들을 생각해 보라고 말했다. 우

선 하나님은 브살렐과 오홀리압과 같은 사람에게 "하나님의 영을 충만케 하여 지혜와 총명과 지식으로 여러 가지 재주로 하나님의 일을 하게" 하셨다. 그분은 성막 만드는 일을 할 수 있는 기술과 재주에다 남들을 가르칠 수 있는 능력까지 허락하셨다. 그리고 성막에 쓸 재료는? 마음이 감동된 자와 자원하는 자들이 몰려와 넘치게 바치는 바람에 그만 가져오라는 명령을 내려야 할 정도였다. 하나님은 명령을 내리시고 "그래, 골탕 좀 먹어 봐라" 하는 분이 아니라는 것이다. 명령을 내리시고 그 명령을 준행할 힘도 주시는 분이다.

그리고 여기서 잊어서는 안 되는 것이 있다. '하나님은 왜 성막을 지으라고 하셨는가'이다. 성막을 지으라 하신 것은 이스라엘을 괴롭히기 위해서가 아니었다. 성막이 무엇이던가. 하나님이 거하시는 곳이다. 하나님과 이스라엘이 만나는 자리라 해서 회막이라고도 한다. 성막을 지을 방법을 알려 주신 것은 하나님과 함께 있을 '길'을 알려 주신 것과 같다.

그래서 성막 제조법이 담긴 율법의 내용을 소개하는 대목과 성막을 실제로 제작하는 과정 사이에 금송아지 사건이 있는 것은 대단히 의미심장하다. 그 사건의 핵심이 무엇인가? 이스라엘이 눈에 보이지 않는 하나님과 원하는 때 원하는 방식으로 호응하지 않는 모세를 버리고 그들을 구하신 여호와를 금송아지로 만들었다는 것 아닌가.

그래서 하나님은 금송아지 사건 이후에 이스라엘을 약속의 땅으로 들여보내고 약속한 것을 다 누리게 해주겠노라고, 그러나 당신은 함께 가지 않겠노라고 말씀하신다. 그러자 모세는 하나님이 함께 가지 않으시면, 자신들도 가지 않겠다고 말하며 호소한다.

두 본문을 살펴본 그 주일은 교회에서 5년간 섬긴 담당 교육 목사님이 다른 교회로 떠나는 날이었다. 그리고 마침 그날 오후 예배 대표 기도를 내가 맡았다. 새로운 곳으로 떠나는 목사님을 생각하며 이 본문을 기억하고 나는 이렇게 기도했다.

"성막을 지으라 하시고 그 모든 기물을 지을 기술과 지혜를 주시는 하나님. 명령하시고 그 명령을 이룰 힘을 주시는 하나님. 저희로 하나님이 그런 분이심을 믿고 순종하게 하소서. 하나님을 배신하고 금송아지를 만든 이스라엘에게, 하나님은 약속하셨던 모든 것을 이루어 주겠으니 인연을 끊자고 하셨습니다. 너희끼리 약속의 땅으로 가라 하셨습니다. 그리하여 하나님이야말로 하나님이 주시는 가장 큰 복이며, 하나님 없이는 그 어떤 복도 복일 수 없음을 알리셨습니다. 하나님, 이 두 말씀이 모든 신자를 향한 말씀인 줄 압니다. 우리로 이 말씀을 붙들게 하소서. 특히 떠나는 목사님을 생각하며 이 말씀을 붙들고 주께 기도합니다. 주께서 그를 사역자로 부르시고 사명을 맡기셨으니, 그 맡은 일을 감당할 힘도 주실 줄 믿습니다. 또한 그와 늘 함께하시고 가장 큰 복이 하나님과 함께하는 것임을 말씀과 삶으로 실증하는 사역자, 그의 가정이 되게 하소서."

현실이 녹록지 않기에 쉽게 말할 수 없다. 하지만 적어도 자기 자신에 대해서는 그런 믿음을 갖고 살아야 할 것이다. 부르시고 사명을 맡기실 때 그 일을 감당할 힘도 주시리라 하는 믿음 말이다. 질과 유스터스는 아슬란의 명령을 따라가면서 그것이 사실임을 역동적으로 배웠고, 이스라엘 백성은 성막을 만들면서 몸으로 체득했다. 당장에는 넉넉해 보이지 않을 수 있고, 분명 막막하리라. 그래서 믿음이 필요한 것이리라. 이번 장의 이야기는 이 말로 요약할 수 있겠다. '명령은 약속이다.' 아우구스티누스는 같은 통찰을 《고백록》에서 이런 기도문의 형태로 담아냈다.

> 당신이 기뻐하시는 것을 명하시고, 당신이 명하시는 것을 주소서.

16
아슬아슬한 시간 속에 펼쳐지는 넉넉한 구원

그런 영화인 줄 모르고 봤다. 그 배우가 나오기에 그저 액션 영화려니 했다. 영화 정보를 싹 살펴보고 갈 수 있는 그런 시대도 아니었지만, 아무래도 사전 정보가 없을수록 더 재미있는 법인지라 주연 이름 하나만 보고 신혼의 아내와 극장으로 갔다. 나도 아내도 공포 영화는 질색이다. 피 튀기는 슬래셔 무비도, 귀신 나오는 공포 영화도 싫다.

그런데 주인공인 아이가 귀신을 보는 영화였다. 아이가 정신과 의사의 도움을 받아 자신의 재능을 받아들이고, 귀신의 메시지를 사람에게 전달하거나 귀신의 문제를 해결해 주는 사람이 되는 일종의 성장 영화였다. 그리고 영화의 막판에 가서 정신과 의사가 바로 아이 눈에 보이는 귀신 중 하나였음이 드러난다. 그리고 자신이 죽었다는 사실을 모르고 있던 정신과 의사 귀신 못지않게 충격에 빠진 관객들 눈앞에, 그가 실은 귀신이었음을 말해 주고 있었던 (그러나 관객은 전혀 눈치채지 못했던) 지나간 장면들이 주마등처럼 펼쳐진다.

이 영화는 반전 영화의 전설로 남아 있는 〈식스센스〉다. 영화의 반전을 알고 난 뒤에 지나간 장면들을 하나하나 곱씹어 보면, 그 모든 장면들이 전혀 다르게 보이는 것을 알 수 있다. 마지막의 결정적 반전을 알게 되자 영화 속에 펼쳐진 이전까지의 모든 사건, 대사, 분위기까지 다 소급되어 다른 색채와 의미 그리고 애잔한 분위기를 띠는 것을 발견했다. 결정적인 반전은 그런 소급력을 지닌다는 것을 이후 〈유주얼 서스펙트〉를 비롯한 여러 반전 영화 및 소설에서 거듭 발견할 수 있었다.

소급력

C. S. 루이스의 신학적 판타지라 할 수 있는 《천국과 지옥의 이혼》에서는 지옥의 언저리에 사는 유령 또는 허깨비들이 천국 언저리로 소풍을 와서 천국의 초대를 받는다. 거기서 루이스는 자신의 영적 스승으로 고백하는 조지 맥도널드의 입을 빌려 천국과 지옥이 소급력을 갖고 있다고 말한다.

천국을 일단 얻고 나면 그것이 과거의 괴로움에 소급적으로 작용해서 그 괴로움을 영광으로 변화시킨다. … 죄스러운 쾌락을 누릴 때 '이번만 즐기고 대가는 나중에 치르자'고 말하지만, 나중에 받은 저주가 과거로 거슬러 올라가 그 죄의 쾌락을 얼룩지게 만든다. …

선한 사람의 과거는 용서받은 죄와 기억 속의 슬픔마저 천국의 특질을 띠도록 변화되는 반면, 악한 사람의 과거는 이미 자기 악의 틀에 맞추어져서 결국은 음울함으로 가득차 버리는 걸세. … 그래서 종말의 날에 축복받은 자들은 '우린 천국 아닌 곳에서 살았던 적이 없어'라고 말하게 되는 것이고, 버림받은 자들은 '우린 항상 지옥에 있었어'라고 말하게 되지.

소급력에 대한 루이스의 말을 보면서 떠오르는 만화가 있었다. 이미 전국을 휩쓴 웹툰 〈미생〉이다. 연재할 때 참 열심히 챙겨 봤다. 가장 기억에 남는 회, 장면을 꼽으라면 역시 67수. 주인공 장그래의 영업 3팀이 박과장의 비리를 밝혀 낸 후, 잡혀가는 박과장을 보며 장그래가 떠올리는 기억들이다. 그는 바둑 경기에서 반집으로 졌던 경기의 아픈 기억을 떠올리며 "이렇게 반집으로 지고 나면 그동안 뒀던 게 다 뭔가 싶어"진다고 말하고는, 하지만 "반집으로라도 이겨 보면 다른 세상이 보인다"고 분위기를 반전시킨다. 장그래의 말을 더 들어 보자.

> 이 반집의 승부가 가능하게
> 상대의 집에 대항해 살아 준 돌들이 고맙고,
> 조금씩이라도 삭감해 들어간
> 한 수 한 수가 귀하기만 하다.
> 순간순간의 성실한 최선이,
> 반집의 승리를 가능하게 하는 것이다.
> 순간을 놓친다는 건 전체를 잃고,
> 패배하는 걸 의미한다.

그리고 장그래는 박과장에게 묻는다. "당신은 언제부터 순간을 잃게 된 겁니까?" 반집의 승리를 거두고 나면 그렇게 승리하기까지 두었던 한 수 한 수가 소급되어 새로운 의미로 새록새록 다가온단다. 비유컨대, 최고의 승부사이신 하나님은 우리의 영원한 운명을 건 한판 승부의 결과를 확실하게 (어쩌면 반집차 아슬아슬한 승부라 해도) 책임지실 것이다. 그러면 나는 인생의 바둑판이 끝나고 "그동안 살아온 게 다 뭔가 싶어"지는 일은 없을 것임을 알 수 있다. 내가 놓은 한 수 한 수가, 순간순간의 성실한 최선이 그 결과에 어떻게든 기여하는 귀한 것이 될 수 있음을 믿을 수 있다.

성도의 견인에 대하여

성도의 견인. 칼빈주의 5대 교리로 열심히 외웠던 기억이 난다. 그런데 몇 년 전 어떤 분과 이야기를 나누다 그분이 '견인'의 한자를 전혀 다르게 알고 있는 것을 발견하고 깜짝 놀랐던 기억이 난다. 그는 렉카가 고장난 자동차를 견인牽引해 가듯 하나님이 악하고 약한 우리를 원하시는 곳으로 기어이 끌고 가시는 것으로 그 교리를 이해하고 있었다.

하지만 여기서 말하는 견인堅忍은 견고한 인내, 영어로는 'perseverance'다. 물론 성도 측에서 믿음을 갖고 끝까지 가는 것은 하나님이 붙잡아 주시는 은혜 없이는 불가능하다는 점에서 그분의 이해가 100퍼센트 틀렸다고는 할 수 없을지 모른다. 하지만 그렇게 계속 알고 있는 것은 교리의 취지와도 맞지 않고 곤란하겠다 싶어 조심스럽게 오해를 지적했더니 그는 상당히 당황했다. 그리고 (이것은 나의 느낌인데) 조금은 실망하는 눈치였다.

몇 주 전, 큐티를 하며 견인堅忍에 대해 말하는 본문을 또 한 번 발견했다. 예수님이 앞으로 닥칠 환난에 대해 예언하시면서 당부하신 말씀이다. 민족과 민족이 싸우고 나라와 나라가 싸우고 곳곳에 큰 지진과 기근과 전염병이 있겠고, 또 무서운 일과 하늘로부터 큰 징조들이 있을 거라고 하신다. 그리고 예수님의 이름 때문에 고난 받을 거라고 말씀하시며 이렇게 이어 가신다.

> 심지어 부모와 형제와 친척과 벗이 너희를 넘겨 주어 너희 중의 몇을 죽이게 하겠고 또 너희가 내 이름으로 말미암아 모든 사람에게 미움을 받을 것이나 너희 머리털 하나도 상하지 아니하리라 너희의 인내로 너희 영혼을 얻으리라

—(눅 21:16-19)

그런데 예수님 말씀을 뜯어보면 뭔가 이상하다. 너희 중 몇 명은 죽기도 할 것이라고 분명히 말씀하시고는 바로 이어 이렇게 약속하시기 때문이다. "너희 머리털 하나도 상하지 아니하리라." 목숨은 보장하지 않지만 머리카락 하나도 다치지 않게 해주겠다. 육신의 생명을 잃을 수도 있으나, 영혼의 구원만은 확실히 보장하신다는 말씀이 분명하다. 나 때문에 죽을 수도 있지만 결코 염려하지 마라. 그것이 의미 없는 죽음, 덧없는 죽음이 아닐 것이니. 네가 어떤 시련을 당한다 해도, 심지어 몸이 죽는다 해도 네 영혼은 털끝 하나 다치지 않고 온전히 구원받을 것이다.

좋다. 그런데 바로 이어서 또 이상한 말씀을 하신다. "너희의 인내로 너희 영혼을 얻으리라." 털끝 하나도 상하지 않듯 영혼의 구원을 완벽히 보장할 거라는 약속, 보증인 줄 알았는데 너희 인내로 영혼을 얻으리라 하시다니. 무슨 말일까? 예수님은 우리 영혼의 구원을 보장하신다. 제자들을

부르시고 믿음을 주신 예수님이 한번 부르신 이를 끝까지 지킬 것이다. 그런데 그가 무슨 짓을 해도, 설령 믿음을 버려도 무작정 지키시는 것이 아니라 (이렇게 주장하는 사람도 있지만 이건 어불성설이다. 믿음으로 구원받는데, 믿음을 잃어도 구원을 받는다니!) 믿음을 잃지 않게 지키시고, 끝까지 인내하게 하시는 은혜를 주시고, 설령 한동안 믿음을 잃어버린 것처럼 보여도 기필코 다시 믿음을 되찾아 끝까지 인내하게 하는 방식으로 붙들고 지키신다.

간발의 차이로 넉넉히

루이스는 예정론을 믿지 않는다. 《천국과 지옥의 이혼》에서 그는 조지 맥도널드의 입을 통해 예정론이 "영원한 실재는 굳이 명실상부한 현실로 나타날 때까지 기다리지 않더라도 사실임을 확신할 수 있다"는 점을 잘 보여 준다고 말한다. 그러면서 예정론은 그 대가로 인간의 자유를 희생시킨다고 비판한다. 그의 결론은 이렇다. "정의를 내리는 방식으로 영원한 실재를 알 수는 없어. 시간 그 자체, 그리고 그 시간을 채우는 모든 행동과 사건들이야말로 그 실재의 정의로서, 우리는 그것을 몸으로 살아내야 한다네."

나는 루이스의 논증을 인정하지만 예정론을 믿는다. 그런데 예정론의 교리가 인간의 자유를 해치지 않는다고 믿는다. 인간의 자유를 해치지 않는 방식으로 예정론을 이해하는 것이 그 교리를 제대로 이해한 것이며, 그 취지에 부합한다고 믿는다. 인간의 자유를 온전히 허락하심으로 하나님의 뜻을 이루어 가시는 것이 하나님의 전능하심이라 믿는다.

    성경에는 우리의 구원이 '넉넉히' 이루어진다는 장담이 많이 등장한다. 예수님은 자기 손에서 그분의 백성을 빼앗을 자가 없다고 선포하신다. 시공간의 창조자요 주인이신 예수님이 하신 말씀은 이미 이루어진 것과 같다. 틀림없이 이루어질 일이다. 그러나 예수님의 약속이 시간 속에서 이루어질 때는 우리의 결단과 선택과 인내라는 방식으로 펼쳐진다. 그래서 사람이 자신의 지난 일을 돌아보면 쓰러진 자나 서 있는 자나 똑같이 아슬아슬했음을, 간발의 차이로 모든 것이 달라졌음을 깨닫게 된다. 루이스는 《순례자의 귀향》에서 그런 심정을 이렇게 표현했다.

>쓰러진 자들은 간발의 차이로 서지 못한 자들.
>뒤돌아보면
>언제나 눈에 밟히는
>잘못된 그 한 걸음.
>아직 사로잡히지 않았던 발이
>아주 조금만 달리 움직였다면,
>가장 작은 발 근육이 아주 조금만 움직였다면,

그 길에서 구원받을 수 있었을 것을.

서 있는 자들은 거의 쓰러질 뻔한 자들.
뒤돌아보고 알게 된다. 두렵고 가슴 서늘하게.
자신이 사이렌의 땅을 참으로
아슬아슬하게 스치고 지나갔다는 것을.
거미줄처럼 가느다란 차이로
운명이 갈렸다는 것을.
너무나 작은 선택으로 따라온
너무나 큰 사건.

하지만 하나님의 시각에서 보면, 하나님의 품 안에서 보면 하나님이 처음부터 붙들고 계셨음을, 그 한 걸음 한 걸음이 반집승으로 이어지는 귀한 '순간들'이었음을 깨닫게 된다. 이렇게 정리할 수 있을 것 같다. "우리가 돌아보면 줄곧 '가까스로', 하나님이 보실 때는 항상 '넉넉히'."

딸아이가 부활절에 입교를 했다. 아기였던 아이를 교회로 데려가 유아세례를 받았던 기억이 생생한데, 그 아이가 고등학생이 되어 1년 넘는 입교 교육을 받고 예수님이 유일한 구원자이시고, 그분께 자기 영혼을 의탁한다고 교회 앞에서 고백했다. 내가 중고등부 교사로 가르친 여러 아이들과 함께 교회 앞에서 그렇게 씩씩하게 고백을 했다.

아이의 인생에 소소한 기쁨과 때로는 벅찬 경험도 있겠지만, 많은 시련과 어려움도 있을 것이다. 아이에게도, 부모인 내게도 불안하고 가슴 졸이고 '아슬아슬한' 시간들일 것이다. 그러나 그것은 아이를 부르신 분이 보장하시는 안전하고 확실한 구원의 여정 속으로 '넉넉히' 펼쳐지는 과정일 것이다. 그리고 반전 영화의 마지막 장면처럼, 마침내 인생이 다할 때 이전까지 인생의 모든 장면이 소급되어 새로운 의미로 다가오는 것을 발견하게 될 것이다.

17
천국 문 앞을
막고 선 이들

그때 무슨 일이 있었던 걸까?

한국전쟁을 앞두고 북한에 있던 열네 명의 목사들이 체포된다. 그중 열두 명이 처형되고 두 명이 살아남는데, 한 사람은 정신이 나가 버렸고, 제정신으로 살아남은 생존자는 신 목사 한 명뿐이다. 과연 그때 무슨 일이 있었던 걸까? 그때의 진상을 알고자 하지만, 신 목사는 열두 명이 죽을 때 그 자리에 없었기 때문에 아는 바가 없다고 말한다. 그러나 신 목사는 얼마 후, 본인이 그 자리에 있었다고 털어놓는다. 그리고 순교한 열두 명 모두가 끝까지 용감하고 아름답게 신앙을 지키다 갔으며 살아남은 자신이 배교자라고 밝힌다.

그런데 목사들의 처형에 개입했던 북한군 소좌가 체포되면서 사건의 진상이 밝혀진다. 처형된 열두 명 중 배신자들이 있었고, 그들은 북한 정부의 지시에 적극 협조했던 이력을 들먹이며 살려 달라고 애원하다 죽어 갔다. 하지만 신 목사는 북한군 정보부 사람들에게 당당하고 뻣뻣하게 나갔고 역설적이게도 그 덕분에 살아남을 수 있었다.

그런데 신 목사가 사건의 진상을 밝히기를 거부하고 배교자를 자처하고 나섰던 것이다. 다른 신자들의 신앙을 고취한다는 더 큰 대의를 위해 사건의 진상을 숨기고 왜곡하는 선택을 내린 것이다. 물론 그로 인해 그는 많은 신자들의 원망과 비난과 위협을 받게 된다. 그런데 신 목사는 비난과 위협을 감수하는 데서 더 나아가 순교자들이 나약한 자신을 용서했다며 순교자들이 자기처럼 나약한 자들, 배교자들에게 새로운 은혜의 문을 열어 주었다고 설교한다. 그의 설교에 많은 이들이 감동하고 호응한다.

그런데 신 목사는 자신에게 호의를 보여 준 정보부 이 대위에게 충격적인 진실을 털어놓는다. 그는 내세를 믿지 않는다는 것. '죽고 나면 끝이다'라고 생각하게 되었고, 신은 자기 백성의 고통에 관심이 없다고 믿게 되었다. 그리고 그 충격적인 진실을 감추고 살았다. 사후 세계가 정말 있는지 묻는 사람들에게 천국이 정말 존재한다며 그들을 격려했다. 그런데 그가 진실을 털어놓은 적이 딱 두 번 있었다.

한 번은 아내가 그 상대였다. 당시 아내는 두 살배기 아이를 잃고 그로 인한 괴로움을 천국에서 만날 소망으로 달래고 있었다. 그런 아내에게 그는 "그럴 일은 없다, 천국 같은 거 없고 죽으면 끝이니 헛된 희망 품지 말고 현실을 있는 그대로 담담하게 받아들여라"라고 조언했다. 그러나 아내는 그 말에 극심한 충격을 받고 얼마 후 세상을 떠나고 말았다.

또 한 번은 열네 명 중 한 명으로 북한군에게 잡혀 있을 때였다. 그 자리에 함께 있던, 평소 그를 믿고 따르던 후배 목사에게 신 목사는 자신이 믿는 진실을 털어놓았다. 극도에 스트레스 속에 있던 후배는 충격적인 선언을 감당하지 못해 미쳐 버렸고, 후에 자신도 하나님이 없다는 말을 남기고 죽었다.

신 목사는 진실을 직면한 아내와 후배 목사의 반응을 보고, 이제는 진실을 밝힐 것이 아니라 당장 사람을 살리기로 마음먹었다. 약한 이들을 미몽에서 깨어내는 계몽의 길을 감당할 수 없으니, 그들이 붙들고 의지하여 가느다란 희망의 끈을 이어갈 거짓 소망, 동화 같은 이야기를 붙들어 주는 쪽을 선택했다. 진실을 마주할 힘이 없는 약한 자들을 위해 자신의 인생을 바치기로 했다. 그리고 그 다짐을 지키기 위해 불명예와 위협을 감수함은 물론, 목숨마저 아끼지 않는다. 자신마저 그들을 버리면 신이 자기들을 버렸다고 생각하고 좌절할까 봐, 신을 대신해 자신이 그 자리를 지킨다.

약자들 편에 서는 진정한 휴머니스트, 신 목사가 마음을 주는 약자들은 신이 자기 백성에게 관심이 없다는 진실을 도무지 감당하지 못할 무지몽매하고 약해 빠진 기독교인들이다. 그 신념에 따라 신 목사는 평양을 철수하는 국군과 함께 평양을 떠날 기회가 있었는데도 떠날 형편이 안 되는 기독교인들 곁을 지키기로 한다. 이쯤 되면 그에 대해 함부로 평가하기가 어렵다. 자기의 목숨을 걸고 하는 선택이니까. 자기 구원에만 집중하는 또 다른 의미의 자기중심성이 아니라 이웃의 유익에만 오롯이 헌신하는 모습이라니. 이것이야말로 진정한 이웃 사랑, 진정한 종교가 지향하는 바가 아닌가. 재미 소설가였던 고 김은국의 대표작《순교자》를 읽으며 떠오른 생각이었다.

사건의 진상

그런데 시간이 좀 지나니 또 다른 생각이 들었다. 신 목사가 기독교인들을 대하는 기준이 된, 자신의 진실을 털어놓은 두 차례의 결정적 경험을 다른 각도에서 보게 된 것이다.

그가 아내와 후배 목사에게 무서운 진실을 말했을 때, 두 사람이 왜 그렇게 돌이킬 수 없는 충격을 받았을까? 그들이 나약한 사람들이라서? 아니다. 그때까지 신 목사의 연기가 감쪽같았기 때문이다. 신 목사가 그때까지 천국의 소망을 품고 신의 사랑을 전파하는 믿음 좋고 신실한 목사로 너무나 완벽하게 가장해 왔기 때문이었다. 그의 연기에 완전히 속아 넘어가 그를 누구보다 의지하게 된 기독교 신자들이 신앙의 가장 큰 시련을 받는 치명적인 순간에 신 목사는 자신의 실체를 드러냈던 것이다. 이건 뭐랄까. 정말 무시무시한 폭력이 아닐 수 없다. 말하자면, 쇠망치로 힘껏 휘둘러 놓고는 그것을 맞고 맥없이 넘어지는 상대를 보고 맷집이 약하다고 말하는 셈이다.

신 목사는 문제의 핵심을 자신에게서 다른 사람에게 넘기고 있다. 그동안 자신이 취했던 입장과 그로 인해 생겨난 결과의 실체를 직시하기를 거부하는 것이 아닌가 싶다. 그는 기독교에서 가르치는 하나님과 천국을 제대로 믿지 않으면서 교회에서 예배를 인도하고 천국의 소망을 선포하는 목사의 역할을 감당했다. 그런 그였기에 실체를 드러내는 것만으로도 그를 따르던 이들의 심신에 회복 불능의 충격을 안겨 줄 수 있었다.

《순교자》는 여러 등장인물들의 눈을 통해 다면적으로 읽어 낼 수 있는 흥미진진한 소설이다. 그런데 내 눈에는 그가 감당했던 목사의 역할이라는 면이 두드러져 보였다. 신앙을 전파하고 수호해야 할 직분에 있는 사람이 오히려 정반대의 역할을 가장 효율적으로 수행할 수 있음을 이 소설은 섬뜩하게 보여 준 것이다.

예수님은 바리새인들을 두고 "천국 문을 사람들 앞에서 닫고 너희도 들어가지 않고 들어가려 하는 자도 들어가지 못하게"(마 23:13)한다고 하셨는데, 이것은 바리새인들에게만 해당하는 말이 아니다. 믿는 자들은 누구나 그런 자가 될 위험이 있고, 그가 교회에서, 종교 조직에서 중요한 위치에 있을수록 그럴 위험은 더 커진다.

말하는 원숭이

기득권을 지키기 위해 거짓과 불법도 서슴지 않는 일부 교회 지도자들의 모습은 무신론자들이 기독교의 주장에 환멸을 느끼고, 더 나아가 신의 존재를 부인하는 확실한 증거가 되어 준다. 그들의 모습은 신과 종교를 믿지 않는 이들보다 나을 바가 없고, 어떤 면에서는 더욱 추악하다. 나만 해도 그런 목사들을 보면 이거 다 허튼짓 아닌가 하는 생각이 불쑥불쑥 든다.

그러나 내가 믿는 종교는 대형교회목사교가 아니라 그리스도교. 그리스도께서 친히 "양의 탈을 쓴 이리떼"가 나타날 것이라고, 거짓 선지자가 나타날 것이라는 말씀을 누누이 하셨으니, 이들이 바로 그 자들이라고 생각하면 간단하다. 종교적 악인들 중에는 그저 여러 사업 아이템 중에서 종교라는 장르를 선택한 단지 악당, 사기꾼, 사업가들도 있을 것이다. 중세 시대 교황들 중에 있었던 것 같고, 종교가 정치경제적으로 많은 영향력을 행사하는 지역과 시기에는 그런 자들이 종교로 꼬여 드는 것이 어찌 보면 당연한 일이겠다.

〈나니아 연대기〉의 마지막 권 《마지막 전투》에 나오는 말하는 원숭이 시프트가 그런 종교적 악당에 해당한다. 시프트는 폭포에서 떠내려 온 사자 가죽을 발견하고는 발칙한 계획을 세운다. 사자 가죽을 친구 당나귀 퍼즐에게 입혀 놓고 나니아의 진정한 통치자인 사자 아슬란 행세를 하게 만든 것이다. 시프트는 나니아의 창조자이자 구원자 아슬란에 대한 나니아의 말하는 동물들의 신앙을 이용해 권력을 획득한다. 그리고 나니아의 동물들을 부려 먹고 학대하고 심지어 이웃 나라에 노예로 팔아넘긴다.

시프트는 아슬란에 대한 기존의 지식을 왜곡하여 자신의 뜻을 뒷받침하는 근거로 삼는다. 예를 들면 아슬란은 전통적으로 '길들여지지 않는 사자'라고 불린다. 누구에게도 매이지 않는 절대적 자유와 능력을 말하는 것이겠다. 그런데 시프트는 이 용어를 '도무지 종잡을 수 없는 변덕쟁이, 폭군'이라는 말로 왜곡해 사용한다. 나니아의 말하는 동물들은 옛날이야기처럼 아슬란과 직접 대화하고 싶어 하지만, 시프트는 아슬란이 "멍청한 동물들과 이야기하는 게 귀찮으시다"며 하실 말씀이 있으면 자기에게 말씀하시고 자신이 그 말을 전하는 자라고 한다. 자신만이 유일한 선지자라고 주장하여 자기를 통해서만 말씀하시는 신을 내세우고 결국 신의 이름으로 자기 뜻을 관철시키는 것이다.

위선보다 위험한 상태

　혹시 소설 《완득이》를 보셨는지? 나는 그 전후로 몇 년 사이 그렇게 재미있었던 (말 그대로 줄곧 낄낄대며) 책이 없다 싶을 정도로 즐겁게 읽었다. 오죽하면 딸아이가 그런 내 모습을 보고 지하철에서 절대 그 책 읽지 말라며 이상한 사람 취급받겠다고 걱정을 했을까.

　벌써 여러 해 지난 일이지만, 교회에서 《완득이》가 재미없었다는 학생을 만났다. 최소한의 독해력과 유머 감각만 지녔어도 있을 수 없는 일이다 싶어 이유를 캐물었다. 들어본 즉, 문제는 학생이 아니라 학교에 있었다. 학교에서 소설 《완득이》로 독서 퀴즈를 진행했는데, 모범생이었던 이 학생은 퀴즈에 대비해 완득이를 열심히 '공부했다.' 책에 들어 있는 내용을 파악하고, 등장인물의 이름과 줄거리를 달달 외웠다. 그렇게 학생은 독서 퀴즈에서 좋은 성적을 얻을 수 있었지만, 그 책이 선사할 수 있는 온갖 미덕 즉 독서의 즐거움, 좋은 책에 푹 빠져들 때 누리는 감동과 공감, 보편적 가치에 대한 깨달음 등은 다 놓치고 말았다.

　루이스는 《세상의 마지막 밤》에 실린 '썩은 백합'이라는 에세이에서 (교양과) 경건이 감별하기는 어렵고 가장하기는 쉽다고 말한다. 위선을 부추기는 특성이 있다는 것이다. 그러면서 경건이 부추기는 악은 위선만이 아니라고 지적한다. 그리고 그 다른 악은 오히려 위선보다 더 해롭다고 한다. 앞 단락에서 소개한 학생의 경우, 《완득이》로 위선을 떨지 않았다. 옛날과 달리 요즘은 책을 읽은 이야기를 한다고 존중받는 분위기도 아니지 않는가. 그 학생은 그저 학교에서 요구하는 조건에 맞춰 충실하게 그 책을 큰 뼈대와 낱개의 정보로 해체하여 외웠다. 그렇게 해서 퀴즈에서 좋은 결과를 얻었지만, 《완득이》는 전혀 재미없는 책으로 머물고 말았다.

신앙의 문제에서도 이런 일이 있을 수 있다. 루이스는 이런 상태의 사람을 두 부류로 나누어 소개한다. 한쪽은 유순하고 순종적인 젊은이다. "그는 순응을 통해 부모의 인정, 영향력 있는 이웃들의 인정, 양심의 인정을 받았으며, 자신이 놓친 것이 있는 줄 모르고 만족해한다." 크리스천 부모와 교회가 제시하는 것을 그대로 따랐고, 그에 따라 무난하게 살아왔다.

또 다른 부류는 적응을 잘하는 젊은이다. 그에게 신앙생활이라는 것도 늘 '평가'를 위해 제시된 어떤 것이다. 남보다 교회에 열심히 나가고, 성경을 더 많이 읽고, 기도도 더 많이 하는 등 늘 남보다 무언가를 잘해서 안정적인 자리를 확보한다.

두 부류 모두 그들이 한 일들 하나하나는 다 귀하고 좋은 것들이다. 하지만 그런 것들이 가리키고 지향하는 본질은 보지 못하고, 그것들 자체가 전부인 줄 안다면 곤란하다. 겉모양은 다 갖추고 완벽하게 수행해 내지만, 그것의 본질에는 한 번도 접근해 보지 못한 사람. 방앗간에서 굶어 죽는 참새 꼴이 될 수 있는 것이다.

루이스는 이들에 대해 안타까움을 드러내고, 그들의 상태가 위선자보다 더 심각하고 구제 불능일 수 있다고 한다. 이들은 "치료가 어려울 수 있습니다. 위선자는 회개하고 잘못을 바로잡을 가능성을 생각해 볼 수도 있습니다. 그러나 속이려는 시도를 하지 않는 사람, 진짜가 있는 줄 아예 모르기 때문에 자신이 진짜가 아닌 줄도 모르는 사람을 누가 회개시키며 그의 정체를 누가 드러낼 수 있겠습니까?"

루이스의 지적은 사뭇 예리하다. 그런 사람이 어른이 되고 교회의 주요 자리를 맡게 된다고 생각해 보라. 그는 자신이 아는 것이 기독교의, 교회의 전부라고 생각하고 그것을 열심히 수행하고 남들에게도 요구한다. 위선자들과는 다른 의미에서 그들은 천국 문 앞에 서서 자기도 들어가지 않고, 남들도 못 들어가게 막는 꼴이 된다. 무서운 일이 아닐 수 없다.

하지만 루이스의 지적을 너무 과민하게 받아들여서도 안 될 듯싶다. 믿는 부모 밑에서 교회 안에서 자라난 아이들은 그런 단계를 많은 경우 거친다. 처음에는 부모 마음에 들고 교회에서 칭찬받고 싶어 신앙의 외형을 갖추다가 어느 시점에 교회가, 부모가 그들에게 알려 주고 전해 주고 싶었던 실체를 경험하고 알게 되지 않는가. 모든 예배, 경험, 수련회, 책, 대화, 영화 감상 등이 그런 만남, 실체와의 대면이 이루어지는 장이 되기를 바라고 이루어지는 것이 아닌가.

위에서 말한 교회의 그 학생은 결국《완득이》의 재미를 알게 되었다. 교회에서 함께 연극《완득이》를 보고 난 후, 그렇게 재미있는 내용인 줄 몰랐다고 했다. 실체와 만나는 경험, 진짜와 대면하는 시간이 그를 사이비 경험에서 구해 주었다. 학생들에게 그런 시간, 그런 기회를 계속 마련해 주는 것이 어른들이 할 일이겠다는 생각이 들었다.

다 알면서 내린 선택

기독교 초기에는 세례 받기를 미루는 경향이 있었다고 한다. 세례를 미루고 미루다 죽기 직전에 받으려 했다는 것이다. 세례를 받고 난 이후의 죄악은 용서받지 못한다고 생각했기 때문이다. 전에는 이 이야기를 접하고 실소가 나왔다. 십자가 상에서 죽기 직전, 자리를 잘 잡아서 한 방에 낙원에 간 강도 이야기를 하며 그가 부럽다고 하시던, 초등학교 시절의 주일학교 선생님이 생각났다. 얄팍한 생각 아닌가. 저 하고 싶은 대로 다 하다가 막차 타려는 꼼수적 발상 아닌가 생각했다.

그러나 여기에는 내가 알지 못했던 더 심각한 문제 인식이 담겨 있었다. 초기의 기독교인들은 신자가 된 후에 짓는 죄가 얼마나 무서운 것인지, 다 알면서 짓는 죄가 얼마나 심각한 것인지, 무엇보다 배교가 얼마나 두려운 일인지 인식했던 것이다. 그리고 그것이 실제로 존재하는 엄연한 위험이자 유혹이라는 것 또한 깨닫고 있었다.

영화 〈매트릭스〉를 보면 배신자가 나온다. 사이퍼다. 그는 모피어스 등의 도움을 받아 매트릭스에 갇혀 기계의 전력 공급원으로 매여 있던 상태에서 벗어나 진실을 알고 자유로운 인간이 된다. 하지만 동료 인간들과 함께 기계들의 추적을 따돌리며 살아가는 생활은 만만치 않았고, 어느 순간 그는 지긋지긋한 그 상태에서 벗어나기로 결심한다. 그리고 스미스 요원을 찾아가 협상한다. 그가 원하는 것은 간단하다. 그는 아무것도 기억하고 싶지 않다. 알게 된 사실을 컴퓨터 포맷하듯 지워 버리고 싶다. 그리고 매트릭스 속에서 이루어지는 허상일 뿐임을 알지만, 그래도 그 속에서 부자가 되고 중요한 인물이 되고 싶다. 폼 나게 '살고' 싶다.

물론 공짜는 없다. 그런 소원을 이루기 위해 그는 그동안 숱한 위기를 함께 넘어선 현실 속 동지들을 배신해야 한다. 몰랐던 것을 알게 되고 보지 못하던 것을 보는 새로운 경험을 했지만, 이제 그 선택을 후회하고 되돌리고 싶다. 이럴 줄 알았으면 그때 그런 무모한 선택을 내리지 않았을 거라는 생각이 절실하다. 차라리 안 봤더라면, 그때 다른 선택을 했더라면, 다른 색 알약을 먹었더라면. 그리고 그런 헛된 바람을 현실로 만들고자 진실을 외면하고 동료들을 배신하는 무서운 선택을 내린다.

악마가 그러하다. 하나님이 어떤 분인지 알면서 뚜벅뚜벅 반역의 길을 걸어간다. 지금도 그렇고 앞으로도 죽 끝까지 그럴 것이다. 인간도 비슷한 선택을 했지만 악마와 달리 인간에게는 회개의 기회가 주어져 있다. 하나님의 아들의 생명이라는 엄청난 대가를 치르고 확보된 기회이다. 그런데 그런 기회를 거부하고 악마가 택한 길을 끝까지 걸어간다면, 어느 순간 욕망과 습관적인 악행을 구현할 도구에 불과한 존재, 한때 인간이었으나 더 이상 그렇지 않은 존재로 전락할 것이다.

루이스는 《시편 사색》에서 하나님을 안다는 유대인들이 때로는 이교도들보다 훨씬 못한 모습, 훨씬 추한 모습을 보여 주는 이유를 이렇게 설명했다.

> 유대인들이 이교도들보다 더 심각한 죄를 지은 것은 그들이 하나님으로부터 더 멀리 있었기 때문이 아니라 더 가까이 있었기 때문입니다. 인간의 영혼 속에 초자연이 들어오면 인간의 영혼에는 좋은 쪽과 나쁜 쪽 모두를 향해 새로운 가능성이 활짝 열리기 때문입니다. 이 지점에서 길이 두 갈래로 나누어지기 시작합니다. 경건과 사랑과 겸손을 향해 나아가는 길과, 영적 교만과 자기 의와 박

해의 광기로 나아가는 길이 그것입니다. 아직 영혼이 깨어나지 못했을 때의 그 평범한 미덕과 악덕으로 다시 되돌아갈 수 있는 길은 없습니다. 하나님의 부르심이 우리를 더 나은 존재로 만들지 못한다면, 그것은 반드시 우리를 훨씬 나쁜 존재로 만듭니다. 온갖 악인들 중에서도 가장 악한 사람은 종교적 악인입니다. 모든 창조물 중에서 가장 사악한 것은 본래 하나님의 직접적 현존 앞에 서 있었던 존재입니다. 이 갈래 길을 피할 수 있는 길은 없습니다. '비용을 계산하라'는 주님의 말씀은 여기에도 적용할 수 있습니다.

위임

교회의 울타리 안으로 들어오면, 기독교의 교리를 받아들이고 인정하면 불행 끝 행복 시작일까? 어떤 면에서는 그렇지만 꼭 그렇지만은 않고, 마냥 안전하고 마음을 놓아도 되는 것도 아니다. 여기에도 타락한 인간을 노리는 온갖 위험, 연약한 인간이 빠질 수 있는 온갖 함정이 도처에 도사린다. 왜 그럴까? 여러 이유가 있겠지만, 루이스의 표현을 빌자면, "하나님은 피조물들에게 위임할 수 있는 일을 절대 혼자서 처리하시지 않는" 것도 중요한 이유일 것이다. 성경의 역사 전체가, 교회사 전체가 그런 큰 흐름을 보여 준다. 부모를 통해 하나님의 어버이 되심을 경험하고 배우게 하시니, 얼마나 많이들 하나님을 오해하게 되는가. 또 부모와의 관계로 인해 믿음의 장애물을 만나게 되는가. 사람을 통해 성경을 연구하고 전하고 가르치게 하시니 또 얼마나 문제가 생기는가.

거기에 따라오는 위험은 물론 크다. 인간들이 하나님을 오해하고 잘못 전달하고 신성모독을 일삼을 위험 또한 넘쳐난다. 하지만 하나님은 그런 실패와 왜곡, 오용의 가능성조차 다 감수하신 듯하다. 왜? 그 가운데 하나님을 의지하고 하나님을 닮아 가는 사람들이 자라고, 하나님이 귀하게 여기시는 어떤 것들이 담금질되기 때문이다. 루이스는 《세상의 마지막 밤》에 실린 에세이 '기도의 효력'에서 내가 하고 싶었던 말을 훨씬 유려하고 아름답게 제시해 놓았다.

> 그분은 눈 깜짝할 사이에 친히, 완전하게 하실 수 있는 일을 우리에게 맡겨 느릿느릿 어설프게 하게 하십니다. 그분이 맡기신 일을 우리가 소홀히 하거나 실패하는 것도 허락하십니다. 유한한 자유의지를 가진 자들이 어떻게 전능자와 공존할 수 있는지 우리가 온전히 깨닫지는 못할 것입니다. 하지만 하나님은 매순간마다 마치 자진하여 신적 권위를 이양하시는 듯 보입니다. 우리는 그저 받기만 하는 자, 또는 구경만 하는 자들이 아닙니다. 우리는 경기에 참가할 특권을 받은 자, 그 안에서 협력하여 '작은 삼

지창을 휘둘러야 하는 자입니다. … 하나님은 이런 과정을 거쳐 … 아무것도 아닌 존재를 대단한 존재로, 아니, 신들로 만드십니다.

18
보바리 부인의 열정과 하루키의 동경이 가리키는 것

하쓰미 씨라는 여성 속에는 뭔가 사람의 마음을 강하게 뒤흔드는 것이 있었다. … 그녀가 발산하는 힘은 작지만, 그것이 상대의 마음에 공명을 불러일으키는 것이다. … 그녀가 내 마음속에 불러일으키는 이 감정의 떨림은 과연 무엇일까 하는 생각을 계속했다. 하지만 그것이 무엇인지는 끝내 알 수 없었다.

내가 그것이 무엇인지를 깨닫게 된 것은 12년인가 13년이 지나고 나서였다. … 해 질 녘, 근처의 피자 하우스에 들러 맥주와 피자를 먹으며 기적처럼 아름다운 석양을 바라보고 있었다. 온 세계의 모든 것이 붉게 물들어 있었다. 내 손과 접시, 테이블, 눈에 들어오는 모든 것이 온통 붉게 물들어 있었다. 마치 특수한 과즙을 머리에서부터 뒤집어쓴 듯한 선명한 붉은 빛이었다. 그런 압도적인 석양 속에서 나는 갑자기 하쓰미 씨를 떠올렸다. 그리고 그때 그녀가 일으킨 내 마음의 떨림이 과연 무엇이었는가를 이해했다. 그것은 채워지지 않았던, 그리고 앞으로도 영원히 채워지지 않을 소년기의 동경과도 같은 것이었다. … 하쓰미 씨가 뒤흔들어 놓은 것은 내 안에 오랫동안 잠자고 있던 '나 자신의 일부'였던 것이다. 그리고 그것을 깨달았을 때, 나는 거의 울어 버릴 것 같은 슬픔을 느꼈다.

무라카미 하루키의 소설 《노르웨이의 숲》에 나오는 한 장면이다. 이 장면이 나를 사로잡았던 이유는 하루키가 묘사하는 느낌이 루이스가 말하는 내용과 너무 흡사했기 때문이다. 루이스는 영혼의 자서전 《예기치 못한 기쁨》에서 '기쁨'에 대해 말한다. 어릴 때 형이 가져왔던 장난감 동산에 대한 기억이 불쑥 떠올라 어떤 갈망에 사로잡힌 이야기를 한다. 그 갈망은 금세 사라지고 동경을 향한 동경만 남았다. 어떤 시를 보고 어떤 갈망을 느꼈지만, 다음 순간 그 갈망에서 툭 떨어져 나와 그 갈망으로 되돌아가기를 바랐다고도 한다.

혹시 비슷한 경험을 해본 적이 있는가? 너무 아름다운 음악을 듣거나, 너무 아름다운 노을을 봤을 때 느껴지는 그 어떤 애틋함과 서러움에 마음을 주체할 수 없었던 적은 없는지. 나는 신혼여행을 다녀온 후 알 수 없는 허전함을 느꼈다. 많이 사랑하던 사람과 결혼해 너무 행복했지만, 흑백 켄터키에서 살던 도로시가 오즈로 왔을 때 화면이 총천연색으로 바뀌었던 것처럼 세상이 완전히 달라졌지만, 그래도 그것으로 충분하지 않다는 느낌이 들었다. 아, 가장 사랑하는 사람도 채워 줄 수 없는 것이 있구나, 절감하던 순간이었다.

낭만주의에 대한 잔인한 조롱

서양 고전 안내서 《고전》을 번역한 인연으로, 이 책에 소개된 열 권을 주제로 매달 독서 모임을 이끌었다. 그중 한 모임에서 읽고 나눈 책이 《보바리 부인》이었다. 이 책은 한마디로 '낭만주의에 대한 잔혹한 패러디'로 정리할 수 있다 (펭귄클래식 코리아 번역본에 실린 작품 해설의 제목이기도 하다).

보바리 부인(이하 엠마)은 온갖 연애소설과 패션 잡지를 읽으며 몽상에 빠져 지낸다. 낭만적 환상을 꿈꾸며 결혼했지만, 결혼 생활이 만족을 주지 못하자 이상적 사랑을 나눌 멋진 남자를 기다린다. 그리고 마침내 찾아온 로돌프에게 자신을 내던진다. 그러나 작가는 처음부터 그녀의 낭만적 환상에 독자들이 공감하거나 판타지에 몰입하지 못하도록 계속 장애물을 설치한다. 로돌프가 엠마에게 사랑을 고백하는 자리는 농업 공진회가 열리는 장소다. 로돌프가 뜨거운 사랑을 속삭일 때 그가 쏟아 내는 느끼한 대사에 화

답하듯, 그곳에서는 깻잎, 퇴비, 돼지 등 분위기를 깨는 단어들이 들려온다.

엠마와 밀월여행을 약속했던 로돌프는 결국 그녀를 배신하고 달아나 버린다. 그 충격으로 엠마는 한동안 사경을 헤맨다. 간신히 회복한 그녀는 한때 자신을 흠모했던 레옹을 만나 밀월여행의 꿈을 이룬다. 뱃놀이에 나서 한껏 분위기에 젖어 보지만, 그 배에 로돌프가 탔었다는 사실을 알고 엠마는 몸이 굳어 버린다. 이후에도 마찬가지다. 결혼, 불륜, 종교, 죽음. 낭만적 이상화의 대상들은 모두 철저히 엠마를 배신하고 그녀를 파국으로 몰아간다.

그런데 이 소설에는 타락해 버린 그녀가 순수하고 평화로웠던 과거를 회상하며 그때를 그리워하는 장면이 나온다. "하지만 여하튼 그녀는 행복하지 않았고, 과거에도 행복했던 적이 없었다. 왜 인생은 이렇게 불만족스러운 것일까? 무엇인가에 기대면 곧바로 썩어 버리는 이유가 무엇일까?"

그리고 바로 이어 엠마는 두 가지 답을 내놓는다. 하나는 아직 '진짜'를 못 만났다는 것이다. "어딘가에 강하고 아름다운 사람이 있다면, 열정과 세련을 동시에 갖춘 가치 있는 인간이 있다면 … 천사 같은 외모에 시인의 마음을 가진 사람이 있다면!"

그러나 한편으로 엠마는 그런 환상을 믿지 않는다. 그래서 세상이 원래 그렇다는 환멸에 찬 답을 내놓는다. "애써 찾을 가치가 있는 것은 하나도 없다. 모든 게 거짓일 뿐! 미소 뒤에는 항상 권태의 하품이 감추어 있고, 기쁨 뒤에는 저주가, 쾌락 뒤에는 혐오가 숨어 있으며 최상의 키스라 할지라도 더욱 큰 관능에 대한 채울 수 없는 갈증만 입술 위에 남겨 놓을 뿐이다."

갈망이 정말 말하는 것

엠마가 말한 불만족을 염두에 두고, 앞에서 하루키가 말한 소년기의 동경, 루이스가 말했던 갈망으로 돌아가 보자. 루이스는 여러 책에서 이 갈망, 기쁨에 대해 말한다. 《순전한 기독교》를 살펴보자.

> 처음 이국異國을 그려 볼 때, 또는 처음 흥미로운 과목을 배울 때 속에서 솟구치는 갈망은 결혼이나 여행이나 배움으로 채워질 수 없는 갈망입니다. 흔히 말하듯 그 결혼이나 휴가 여행이나 배움이 성공적이지 못할 때에만 그런 것이 아닙니다. 그 결혼이나 여행이나 배움이 최고의 것일 때도 그렇습니다. 그 갈망을 처음 느낀 순간에는 잡을 수 있을 것 같았는데 결국은 현실 속에서 사라져 버리고 마는 무언가가 있습니다. … 아내가 훌륭할 수도 있고, 여행 가서 묵은 호텔이 아름답고 경치가 빼어날 수도 있으며, 화학 연구가 흥미로울 수도 있습니다. 그런데도 무언가 아

쉬운 것이 있습니다.

이에 대해 루이스는 두 가지의 잘못된 대처 방식을 소개한다. 첫째, 어리석은 사람의 대처 방식이다. 다른 여자, 더 호화로운 여행 등을 하면 모두가 추구하는 신비한 무언가를 얻을 수 있으리라 생각한다. 그러다 권태와 불만에 빠지고 말지만, 다시 다른 곳으로 눈을 돌리며 늘 이번에야말로 '진짜'라고 생각한다. 그리고 매번 실망한다. 이 여자 저 여자, 이 나라 저 나라, 이 취미 저 취미로 옮겨 다니느라 일생을 탕진한다. 엠마는 이런 환상을 품고 파국으로 내달린다.

둘째, 환멸에 빠진 지각 있는 사람의 방식이다. 그는 모든 것이 환상이라는 결론을 일찌감치 내린다. 그리고 이렇게 말한다. "어렸을 때는 누구나 그런 감정을 느끼는 법이지. 하지만 내 나이쯤 되면 무지개 끝을 좇는 일 따윈 그만두게 된다네." 엠마도 이 비슷한 말을 했다.

루이스가 말한 것으로 하루키(와 엠마)의 말을 돌아보자. 하루키도 뭔가 포착하기는 했다. 그러나 그는 서둘러 그것이 "채워지지 않았던 그리고 앞으로도 영원히 채워지지 않을 소년기의 동경, 내 안에 오랫동안 잠자고 있던 '나 자신의 일부'"라고 부르고 만다.

반면, 루이스는 그것이 "우리 안에서 지금도 찾을 수 있는 머나먼 본향에 대한 갈망", "우리 각 사람 안에 있는 위로할 길 없는 비밀"이라고 부른다. 너무나 가슴 아리는 비밀이기에 우리는 거기에 "향수Nostalgia, 낭만Romanticism, 청춘Adolescence 같은 이름"을 붙인다며, 그것이 일종의 복수라고 말한다.

 하루키의 반응을 예측이라도 한 것 같지 않은가? 그런데 하루키는 왜 그렇게 생각했을까? 하루키의 마음속을 어찌 알겠느냐마는, 혹시 우리 눈에 보이는 세상이 전부라고(다른 세상 같은 건 없다고) 전제했기에 그런 결론이 따라 온 것이 아닐까 하는 생각이 들었다. 눈에 보이는 것과 다른 세상의 가능성을 원천 배제하고 보니, 자신이 느낀 것의 실체를 자기 안이나 과거에서 찾을 수밖에 없게 된 것이다. 그는 자신이 느낀 것이 채워질 수 없는 소년 시절의 동경일 뿐이라는 깨달음을 내놓는다. 그것일 뿐이라고. 그게 다라고. 원래 그렇다고. 그래서 슬프다고. 루이스가 말한 '환멸에 빠진 지각 있는 사람'의 모습과 비슷하다.

 루이스에 따르면 그것을 '아름다움'이라 부르거나, '그 대상을 과거의 특정 순간과 동일시'하는 사람도 있지만, 파고들면 그것은 또다시 다른 것에 대한 기억임이 드러날 것이다. "어떤 책이나 음악 안에 아름다움이 놓여 있다고 생각하고 기대를 걸면 결국 배신당한다. 아름다움은 책이나 음악 안에 있는 것이 아니라 그것들을 통해 주어졌을 뿐, 그 실체는 갈망"이기 때문이다.

그리고 루이스는 여기서부터 본격적인 결론으로 달려간다. 우리가 태어날 때부터 느끼는 욕구가 있다면, 그 욕구를 채워 줄 것 또한 있는 것이 당연하지 않느냐는 것이다. 배고픔을 느끼는데 음식이 있지 않은가. 성욕을 느끼는데, 그것을 채워 주는 성관계라는 것이 있다. "만약 이 세상에서 경험하는 것들로 채워지지 않는 욕구가 내 안에 있다면, 그건 내가 이 세상이 아닌 다른 세상에 맞게 만들어졌기 때문임이 가장 그럴 듯한 얘기"라는 것이다.

목마름은 물을, 배고픔은 음식을 먹음으로 채워진다. 그 사실은 우리가 그렇게 먹고 마셔야 육신을 유지하는 존재이자, 먹을거리가 있는 세상에 산다는 것을 보여 준다. 지상의 쾌락은 처음부터 이 욕구를 채워 주는 것이 아니라 일깨우고 암시해 주기 위해 존재한다고 말할 수 있겠다. 낭만주의는 이 욕구, 갈망의 중요성을 알아보았으나, 이 자체가 실체가 아니라 다른 것을 가리키는 표지판임을 알아보지 못했던 것이다.

낭만주의를 잔혹하게 조롱한 리얼리즘 소설 《보바리 부인》은 엠마의 낭만적 열정이 현실과 유리된 망상임을 생생하게 보여 준다. 저자는 그런 엠마의 상태를 딱 두 문장으로 정리했다. "엠마는 자신의 열정에만 몰두하여 살았다. 그리고 돈에 대해서는 귀족처럼 더 이상 아무런 신경도 쓰지 않았다."

그녀가 만난 냉엄한 현실은 그녀가 자초한 것들이다. 자신의 열정에만 몰두했고, 그것을 채우는 것에만 관심을 가졌으며, 열정을 채우기 위해 거짓과 속임수 등 수단과 방법을 가리지 않았다. 그 외의 것은 철저히 무시했는데, 여기에는 돈도 가족도 포함되었다. 그녀는 자신의 열정만이 진정한 현실인 것처럼, 유일한 실재인 것처럼 행동했다. 현실(실재)의 처절한 복수를 당한 것이다.

이런 의미에서 낭만주의는 현실의 일부를 전체인 것처럼 과장한 절반의 거짓말인 셈이다. 그러나 정반대의 실수를 저질러서도 안 될 것이다. 리얼리즘이란 현실을 있는 그대로 보고 그려 내는 것을 말할 터. 낭만주의에 대한 반발이 지나쳐 냉소주의를 사실주의로 오해해서는 곤란하다. 믿음이 배신당하는 경우가 있다고 해서 모든 것을 의심할 수는 없지 않은가. 루이스는 《오독》에서 희극이 현실에서 특정한 요소들만 편집한 반쪽의 진실이듯, 비극도 현실에서 특정한 요소만 골라낸 것임을 지적한다. 그리고 비극이 현실을 제대로 보는 것이라고 오해해서는 안 된다고 지적한다. 희극도 비극도 현실의 일부만 가져다 만들어 내는 예술일 뿐이다. 비극이 희극보다 현실을 더 잘 반영하지는 않는다. 현실은 그 둘보다 더 크다.

앞에서 낭만주의에서 중요하게 다루는 동경, 향수와 같은 것은 그 자체가 추구할 목표가 아니라, 다른 것 초월적인 것을 가리키는 표지판으로서 자리매김해야 한다고 지적했다. 그와 동시에, 낭만적 감상일랑 무조건 던져 버리고 냉소, 두려움, 환멸 같은 것들이 현실을 제대로 볼 때 따라 오는 유일한 반응이라 보는 것 또한 자신을 속이는 일이 될 수 있음을 기억하자.

19
끝까지
걸어가면

내가 몰랐던 안나

유부녀가 총각의 유혹에 넘어가 같이 달아났다 결국 버림받고 자살로 생을 마감한 이야기. 이 정도가 《안나 카레니나》에 대해 알던 전부였다. 나는 그 책을 제대로 읽어 보지도 않았으면서도, 그 정도면 필요한 이야기는 다 안다고 착각하고 있었다.

그런데 《고전》의 번역을 준비하며 읽어 보니, 《안나 카레니나》는 내 예상을 뛰어넘는 작품이었다. 내용도 이전에 알던 바와 상당히 달랐고, 훨씬 다채롭고 흥미로웠을 뿐 아니라 사람의 마음과 죄의 본질을 건드리고 있었다. 레프 톨스토이의 걸작인 이 책에는 로마서 12장 19절에서 따온 "복수는 나의 것이니 내가 갚으리라"라는 제사題詞가 붙어 있었다.

《안나 카레니나》가 복수 이야기였단 말인가? 제사만 보자면, 이 책이 어떤 사건을 다루고 있든 사실은 복수 이야기를 하고 싶어 했다고 짐작할 수 있다. 사람살이가 원래 그렇듯, 이 이야기에서도 등장인물들은 숱한 잘못을 저지르며, 잘못에 대해 다양한 반응을 보인다. 용서하기도 하고, 용서를 거부하고 복수에 나서는가 하면, 오히려 용서에 분개하거나 용서를 이용하기도 한다. 또 불순한 용서가 오히려 덫이 되는 것도 볼 수 있다.

무엇보다 안나가 목숨을 끊은 것이 스스로 만든 절망에서 나온 것이자, 정부情夫에게 복수하기 위해서였음을 알게 되자 섬뜩했다. 하지만 익숙한 감정 아닌가? 자기를 망치더라도 복수하려는 마음 말이다. 그녀는 자신이 뛰어들 자리를 바라보며 이렇게 혼잣말을 했다. "저기, 바로 저 중간으로, 그러면 난 그를 벌하고 모든 사람들과 나로부터 벗어나게 되는 거야."

군대

그렇게 작심하고 일을 벌이면서도, 막상 기차에 몸을 던지기 직전 안나는 성호를 긋는다. 나아가, 그와 더불어 떠오르는 온갖 기억을 뒤로 한 채 기차에 몸을 던진다. 그러나 그 직후, 안나는 공포에 사로잡힌다. "'내가 어디 있는 거지? 뭘 하는 거지? 무엇 때문에?' 그녀는 일어서고 싶었다. 뒤로

물러서고 싶었다. 그러나 거대하고 가차 없는 무언가가 그녀의 머리를 찧고 등을 끌고 갔다. '주여 저의 모든 것을 용서하소서.' 그녀가 몸부림쳐 봤자 소용없음을 직감하고 말했다."

안나가 열차에 몸을 던지기 직전 만들어 낸 십자가. 그것이 무슨 의미가 있을까? 곧장 자신을 덮칠 기차 앞에서 드리는 찰나의 기도. "주여 저를 용서하소서"에 무슨 의미가 있을까? 그것을 회개라고 할 수 있을까? 내 생각을 말하기 전에 시를 한 편 살펴볼까 한다. C. S. 루이스가 쓴 시 〈군대*Legion*〉다.

> 주여, 내 음성을 들으소서, 지금 이 음성을.
> 한 시간 후에 정반대의 뜻으로
> 말하게 될 나의 음성(나는 군대이오니)을 듣지 마시고
> 내 국가에 이제껏 등장했고 앞으로도 등장할
> 다중의 정당들 사이에서 다수결로 판단하지 마소서.
> 지금 말하는 것이 '나'라는 가장假裝 을
> 받아 주소서. 그 가장을 옹호하시어
> 내 의회를 해산하시고 개입해 주소서.
>
> 설령 내가 청한다 해도 주께서는 한 번 주신 자유의지를
> 철회하지 않으시겠지요. 하오나 이 순간의 선택에
> 부당한 비중을 두소서. 오, 이것을 특별 취급해 주소서.

이것을 실체로 간주해 주소서. 서로 다투는 내 모든
자아들이 동등한 발언권을 갖는다면
아아, 당신은 나를 헛되이 창조하신 꼴이 되오리니.

    이 시의 제목은 '군대'다. 복음서에 익숙한 사람이라면 거라사 지방에서 예수님과 마주쳤던 귀신 들린 사람 이야기가 생각날 것이다. 그 사람에게 들린 귀신은 자신을 '군대'라고 밝힌다. 수가 많기 때문에. 여기서 군대란 단어는 육천 명으로 구성된 로마 군단을 말하는 레기온이다. 루이스는 그 이미지를 가져와 '내가 너무도 많은' 자신의 내적 현실을 그려 낸다.

    루이스는 자신을 가리켜 군대라고 말한다. 내가 많다는 뜻이다. 물론 나는 단일한 존재로서 자기 정체성을 유지하고 살아간다. 루이스가 그런 사실을 부정하는 것은 아니다. 그러나 우리는 또한 자신이 얼마나 한결같지 못한지, 생각과 감정이 얼마나 죽 끓듯 하는지 안다. '나'라는 존재가 얼마나 변덕이 심하고 식언하기를 밥 먹듯 하고, 늘 흔들리고 딴소리하고 믿을 수 없는 존재인지 안다.

    루이스는 그런 인식하에서 지금 하나님을 갈구하고 찾는, 믿음의 맨정신으로 있는 이 순간의 자기 음성에 특별히 귀 기울여 달라고 말한다. 한 시간만 있으면 분명히 영 딴소리를 하는 '나'가 나타날 것이다. 나를 국가에 비유하자면 여러 정당으로 갈라져서 싸우는 의회가 내 안에 있다고 할 수 있다. 소수당에 불과한 지금 이 음성이 의회 내에서 정상적으로 발언권을 얻을 길은 없다. 의회 해산(!)만이 답이다.

빈도로 따져도, 강도로 따져도 믿음의 나, 은혜를 구하는 나가 진짜 나, 나의 핵심이라고 말하기는 아무래도 어렵다는 시인도 한다. 하지만 제대로 따져서는 절망뿐이기에 시인은 떼를 쓴다. 지금 이 음성에다 가중치를 부여해 달라고. 이 음성을 내는 나를 '진짜 나'로 보아 달라고 간청한다.

그렇지 않으면 소망이 없기 때문이다. 하나님이 우리의 자유의지를 폐하시고 억지로 온전히 하나님만 의지하게 만드실 리는 없으니 말이다. 그래서 '이 순간의 선택'을 특별하게 여겨 달라고 아주 특별한 은혜를 구한다. 그런 은혜가 필요한 사람이 어디 그뿐이랴. 그의 고백과 간청은 그만의 것이 아니다.

하나님은 사람이 아니시라

안나의 회개를 둘러싼 질문은 그리 어려운 문제가 아닐지도 모른다. 일반적으로 사람이 자신의 죄를 고백하고 예수님께 자신의 영혼을 의탁하는 신앙의 고백도 이런 '믿음의 제정신'을 특별하게 여겨 주시는 특별 대우가 아니고는 설 자리가 없기 때문이다.

하나님은 사람이 아니시므로 "내가 믿겠습니다. 하나님 나를 받아 주소서" 하고 결단하고 헌신하면 "그래, 너의 진심이 무엇인지, 과연 그 말이 얼마나 진심과 무게가 담긴 것인지 한번 두고 보자. 하는 거 봐서 말의 진의를 판단하기로 하자"라고 말씀하시지 않는다. 그냥 받아 주신다. "내게 오는 자는 내가 결코 내쫓지 아니하리라"(요 6:37) 하신다. 그분은 하나님이시기에 받아 주신다.

자기 자신을 들여다보면 절망이 들 수밖에 없다. 자신을 들여다봐서는 답이 나오지 않는다. C. S. 루이스가 회심한 이후 일기 쓰기를 중단하고 주로 편지를 쓰게 된 것이 의미심장하다. 그는 더 이상 자신을 들여다본 것이 아니라 기도로 하나님을 바라보고, 편지로 이웃과 삶을 나누었다. 돌이킬 수 없는 선택을 해버린 안나에게 남은 것은 찰나의 순간뿐이었다. 하지만 그 짧은 최후의 순간, 안나가 전에 배워서 머리로만 알던 분을 진정으로 바라보고 은혜를 구했다면 당연히 그녀에게도 소망이 있다.

지옥이 무서워서 하나님께 나오는 정도의 반응을 믿음이라 할 수 있느냐고? 각자의 절박하고 어려운 처지에서 어떻게든 빠져나오고 싶다는 이기적 목적에서 나온 자들의 불순한 동기를 어떻게 하느냐고? 하다 하다 갈 데가 없어서 하나님께 나아가는 자들을 하나님은 기쁘게 받으신다. 그분은 지극히 겸손한 분이기 때문이다. 자신에게 나오는 사람을 결코 내쫓지 않으신다. 오히려 기쁘게 받으신다. 뛰노신다. 예수님 옆에서 십자가에 달렸다가 극히 단편적인 신앙의 고백과 "나를 기억하소서"라는 짤막한 요청으로 "오늘

나와 함께 낙원에 있으리라"는 예수님의 약속을 받은 강도를 기억해야 할 것이다.

기쁨을 드리기는 쉬우나 만족을 드리기는 어렵다

십자가에서 구원받은 강도가 부럽다던 교회학교 선생님을 다시 떠올려 본다. 그렇게 죽기 직전에 믿으면 신앙 때문에 희생하고 불편해야 하는 수고에 시달릴 필요가 없지 않겠느냐던 말씀을. 지금 생각하면, 사업을 하셨던 그분은 아마 신앙인으로서 올곧게 사는 데 따른 불편을 온몸으로 겪어 내야 했을 것 같다. 그런데 어린 내 귀에 그분의 말이 꽤 거슬렸던 모양이다. '그럼 늦게 믿을수록 좋은 건가? 믿고 이 세상에서 살아가는 삶은 아무 의미도 없는 것인가?' 하는 생각들이 밀려왔다. 그러나 선생님은 그 즈음에 특히 사정이 어려웠을 수도 있고, 아니면 그저 그런 마음이 스치고 지나간다는 정도로 편하게 하신 말씀이었을 수도 있다. 그러니 고마하자. 내가 괜히 트집 잡는 것이라면 옛 선생님에 대한 예의가 아닐 터.

안나 카레니나(내가 생각하는 대로라면)나 십자가 위에서 회개한 강도는 은혜가 무엇인지 잘 보여 준다. 은혜의 커트라인을 보여 준다고 하겠다. 그와 동시에 모든 신자의 출발점을 생생하게 보여 준다고 할 수 있다. 그러나 그것은 어디까지나 출발점이다. 임종을 앞두고 하나님께 나아가는 것,

참으로 귀한 일이지만 더 일찍 하나님의 은혜를 알고 그 은혜에 의지하여 살아간다면, 그분이 원하시는 대로 살면서 그분을 닮아가는 길을 본격적으로 걸어간다면 더 좋을 것이다(쉽다는 말은 결코 아니다!). 그리고 루이스의 시 〈군대〉가 보여 주는 것은, 그 길도 동일하게 '특별한' 은혜가 있어야만 갈 수 있는 길이라는 사실이다.

안나를 생각하고 십자가의 강도를 떠올리며 은혜가 너무너무 쉽다고, 값싼 것이라고 생각하면 오산이다. 그들에게 은혜가 베풀어지기 위해 지불한 값이 너무나 크기 때문이요, 그렇게 주어진 은혜를 시작으로 은혜 받은 자가 가야 할 길은 멀고, 그가 이르러야 할 목표는 너무나 높기 때문이다. 강도에게는 그럴 기회가 없었지만, 보통의 신자들에게 강도의 고백과 동일한 신앙고백으로 시작된 기나긴 신앙 여정은 그 고백이 진짜였음을 본인이 직접 확인하게 되는(하나님은 이미 아실 테니) 과정일 것이다.

〈나니아 연대기〉에는 그렇게 아무 내놓을 것 없이, 거저 주어지는 은혜를 '거지처럼' 받을 수밖에 없었던 이들이 등장한다. 《사자와 마녀와 옷장》에서 배신자였던 에드먼드가 그랬다. 배신자의 목숨을 요구하는 하얀 마녀 앞에서 에드먼드가 할 수 있는 일은 사자 아슬란을 바라보는 것뿐이었다. 그리고 아슬란의 희생으로 목숨을 건진 에드먼드는 용감하고 지혜로운 왕이 되어 오랫동안 나니아를 다스렸고,

이후에도 멋진 모습을 보여 준다.

본 책의 8장에서 자세히 소개한 《새벽 출정호의 항해》에 나오는 유스터스는 어떤가. 그는 욕심쟁이 용처럼 탐욕에 사로잡힌 채 용의 보물을 붙들고 용의 굴에 있다가 진짜 용이 되어 버린다. 그는 자신의 힘으로 용의 껍질을 벗기려 애쓰지만 마침내 그럴 힘이 없음을 뼈아프게 깨닫고 사자 아슬란에게 몸을 맡겨야 했다. 사자의 억센 발톱 덕분에 용의 껍질을 벗고 인간으로 돌아온 유스터스는 이후 나니아의 역사에서 대단히 중요한 역할을 담당한다. 결코 쉬운 일이 아니었고 위험천만한 일이었으나 유스터스는 그 여정을 끝까지 충성스럽게 감당했다.

앞서 소개한 《조지 맥도널드 선집》의 55번 글의 제목은 "기쁨을 드리기는 쉬우나 만족을 드리기는 어렵다"이다. 이번 글을 마무리하기에 적합한 인용문이 아닐까 한다.

> 율법을 완전하게 지키는 자가 아니면 하나님을 만족시켜 드릴 수 없다고 저는 온 마음과 온 힘을 다해 말할 수 있습니다. 그러나 그 외의 다른 사람은 하나님이 아끼지 않으신다는 말은 원수의 거짓입니다. 어느 아버지가 뒤뚱거리며 처음으로 걸음을 떼는 어린 아들을 기뻐하지 않겠습니까? 또 어느 아버지가 아들이 늠름하게 장성하여 자기 걸음을 걷기도 전에 만족하겠습니까?

에필로그.
왜 루이스인가?

'왜'를 '어떻게'로 바꾸면

〈크리스채너티투데이 한국판〉 10주년을 맞아 C. S. 루이스와 《순전한 기독교》가 기사에서 가장 많이 인용된 작가와 작품으로 선정되었다. 이에 그에 대한 글을 요청받았다. 화두는 '왜 루이스인가?'였다.

내가 이 질문에 대답할 적임자인가 하는 어려운 문제는 접어두기로 하자. 난 주어진 숙제를 하는 것뿐이니. 그런데 이 질문이 거북한 분들도 있을지 모르겠다. 모두가 루이스를 아는 것도 아니고, 읽고 아는 사람이라고 해서 모두가 그를 좋아하는 것도 아니기 때문이다. 그런데 그가 마음에 들지 않았던 이에게는 '왜 루이스인가'라는 질문이 애초에 무의미하겠지만, 아직 접하지 않은 사람에게는 관심이 생길 계기가 될 수 있겠다 싶다. 하지만 무엇보다 이 질문은 루이스를 어떤 식으로든 접하고 그의 글에서 매력을 느꼈으나 그 실체를 딱 집어 말할 수 없었던 사람에게 가장 의미 있게 다가갈 것이다. 아마도 그런 사람이 이 화두에 가장 눈길이 쏠리지 않을까.

'왜 루이스인가'라는 주제를 들었을 때 떠오른 생각은 두 가지였다. 첫째는 일본의 기독교 사상가 우찌무라 간조의 신앙적 자서전 《우찌무라 간조 회심기》였다. 이 책의 서문에서 저자는 자신이 왜 크리스천이 되었는지가 아닌, 어떻게 크리스천이 되었는지 쓰려 한다고 밝힌다. 회심의 철학이 아니라 회심의 현상을 쓰겠다는 것이다. 그리고 회심 전후로 자신에게 있었던 생각과 사건을 적어 보니, 이전에 알던 그 무엇보다 신비로웠다고 한다. 그리고 독자에게 자신이 적어 놓은 현상을 보고 그 실체가 무엇인지 스스로 판단해 보라고 초청한다. 과학자였던 그는 자신의 회심과 관련된 생각과 사건을 실험 보고서처럼 적어 놓고는 독자에게 그것을 연구해서 결론을 내리라고 권하는 것이다.

어차피 자신이 '왜'를 말해도 주관적일 수밖에 없고 그것이 정말 답인지도 알 수 없는 바에는, 객관적으로 말할 수 있고 검증할 수 있는 '어떻게'에 집중할 테니 알아서 판단하라는 저자의 의도라 생각한다. 루이스에 대해서도 그것이 나을 수도 있겠다. 내가 '왜 루이스인가'를 설명한다 한들, 주관적 감상과 개인적 평가를 넘지 못할 바에 차라리 '어떻게'를 말하는 편이 나을 수도 있다. 여러 가지를 거론할 수 있겠지만 세 가지만 꼽아 보겠다.

1) 대중적으로 끼친 영향

2000년 미국 〈크리스채너티투데이〉에서는 '20세기에 가장 큰 영향을 끼친 100권의 책' 중 1위로 루이스의 대표작 《순전한 기독교》를 꼽았다. 〈타임〉지는 루이스를 '2005년 가장 인기 있는 신학자'로 꼽았다. 몇 편이 할리우드 영화로도 제작된 〈나니아 연대기〉의 작가로서 그는 지금도 많은 이들의 마음을 사로잡고 있다.

2) 그의 영향을 받은 이들의 고백

교도소선교회 설립자 찰스 콜슨, 인간게놈프로젝트 책임자였던 프랜시스 콜린스 등이 《순전한 기독교》의 도움을 받고 회심을 경험했다. J. I. 패커, 앨리스터 맥그래스, 톰 라이트 등이 젊은 날 루이스의 영향을 받고 그를 롤 모델로 삼았다.

3) 번역 과정에서 개인적 경험

루이스의 독서론《오독》의 번역을 마치고 출판 기념회 강연을 준비하면서, 그때까지 1년 반 정도 번역한 책들을 돌아보았다. 루이스의 책 두 권에다 존 레녹스의《신을 죽이려는 사람들》,《존 파이퍼의 초자연적 성경 읽기》, 앨리스터 맥그래스의《우주, 하나님 지으신 모든 세계》, 니콜라스 월터스토프의 철학서《사랑과 정의》, 오스 기니스가 편집한 고전 안내서《고전》이었다.

그런데 루이스를 뺀 다른 저자들의 책 다섯 권 모두 루이스를 언급하고 있었고, 그중 몇 권은 그의 논의를 아주 중요하게 다루고 있었다. 종교와 과학, 성경 읽기, 철학, 고전 안내서 등 여러 분야를 막론하고, 영미 기독교 출판에서 루이스가 차지하는 입지를 실감할 수 있었다.

그이의 어디가 좋으냐는 질문

'왜 루이스인가'의 주제를 듣고 떠오른 두 번째 생각은 연애 시절에 들었던 질문이었다. 교회 청년부 모임 시간이었던 것으로 기억한다. 누군가가 내게 상대방의 어디가 좋은지를 물었다. 그 질문에 나는, 사랑에 빠졌을 때는 분석이 안 되는 법이라고 대답했다. 그이는 '미꾸라지' 운운하며 나무랐고, 나는 멋진 답변을 한 스스로가 자랑스러웠다(그러나 나중에 생각해 보니, 그 질문에 답하는 것은 '주어진 복을 세어 볼' 좋은 기회였다). 그런데 그로부터 20년이 지나 나는 '루이스'라는 작가를 통해 동일한 질문을 받고 있었다. '왜 루이스인가'는 일차적으로 '너는 루이스의 어디가 좋으냐'는 질문, '너는 왜 루이스를 좋아하는가'라는 질문으로 다가왔다. 그런데 루이스의 《폐기된 이미지》를 번역하고 떠올린 문구가 '좋아하고 따라가다 이른 곳'이었다. 선배의 책장에 꽂힌 《스크루테이프의 편지》로 루이스를 알고 그의 책을 즐겨 읽고 나누다 결국 그를 더 깊이 만나고 소개하고 싶은 마음에 번역가의 길에 들어섰다. 그뿐이 아니다. 그를 몰랐다면 전혀 관심을 갖지 않았을 주제에도 다가가게 되었다. 영국, 옥스퍼드 대학교, 셰익스피어, 영문학, 시, 밀턴, 실낙원, 중세, 르네상스 시대……. 다들 그런 경험이 있을 것이다. 누군가를 좋아하고 따라가다 보니 어느새 뜻밖의 장소, 혼자라면 결코 오지 않았을 곳에 들어와 버린 자신을 발견하는 경험 말이다.

나는 이미 이만큼 와버린 사람. 비유하자면 루이스와 오래 사귀어 정이 든 사람이라 할 수 있다. 그래서 오히려 '왜?'라는 질문이 생경하게 다가온다. 나로서는 이렇게 말할 수밖에 없다. '느긋하게 읽어 봐요. 너무 좋지 않아요? 잘 안 읽힌다고요? 그럼 다른 장르를 읽어 보세요. 혼자 잘 안 읽히면 같이 읽어 보세요. 나는 번역을 해보면 다르던데. 번역을 해보라고 할 수도 없고, 루이스의 글을 이리저리 곱씹어 보세요. 루이스의 글을 가지고 글을 써보면 더 좋아요.' 하나같이 어떻게든 만나 보라는 말이다. 누군가를 알고 싶다면 직접 만나 보는 것이 제일 아니겠는가. 그의 책을 번역하고 쓰는 역자 후기가 말하자면 나의 경험을 빙자해 다른 이들을 만남으로 초대하는 글이다. 예를 들어 독서론을 다룬 《오독》을 번역한 후, 이렇게 썼다.

> 《오독》은 분명히 책에 대한 책이고, 독서를 다룬 책이다. 루이스의 독서론을 흥미롭게 살필 수 있고 책과 읽기에 대한 많은 통찰을 배울 수 있다. 그런데 이 책을 읽다 보면 신기한 경험을 하게 된다. 분명히 책 이야기를 하고 책 읽기에 대해 다루고 있지만, 내용을 꼼꼼히 따라가다 보면 어느새 다른 이야기를 듣게 된다. 독자는 생각했던 것과 다른 장소에 들어선 자신을 발견하게 된다. 자기도 모르게 삶을 대하는 태도와 인격을 대하는 입장과 자세를 돌아보고 생각하게 된다. 루이스는 분명히 독서를 말하기 위해

이런저런 예를 든 것인데, 독자는 그 예들에 매료되고 그 예들로 자신의 삶을 돌아보게 된다. 그럴 리야 있으랴마는, 루이스가 그 예들을 풀어놓을 멍석을 깔기 위해 독서론을 꺼내 든 것이 아닌가 하는 생각마저 슬그머니 들었다.

문학에 대해 말하고 문학 비평과 독서에 대해 말하는 글을 읽는데 인생에 대한 통찰과 신앙의 근본적 문제에 대해 생각하게 된다. 자신의 삶을 돌아보게 된다. 그의 변증서 《순전한 기독교》를 봐도 그렇다. 21세기의 C. S. 루이스, 오늘날을 위한 《순전한 기독교》 운운하는 작가와 책이 많고, 모두 나름대로 귀하고 훌륭한 내용들을 담고 있지만, 그 책들을 보다가 《순전한 기독교》를 보면 전혀 다른 느낌을 받는다. 단지 기독교를 말하는 것이 아니라 삶을 말하고 삶을 관통하는 진리를 말하고 있구나 하는. 그것도 건조한 논리로서가 아니라 생생하게 다가오는 비유로 말한다는 느낌. 그의 논리에는 이야기가 들어 있고, 비유가 담겨 있으며, 그 비유는 뼈와 살을 입는 논리로 다가온다.

'왜 루이스인가?'에 답하는 책

그동안 루이스 책을 번역할 기회가 생기면 기존의 번역 스케줄을 망각하면서까지 꾸역꾸역 맡았고, 때로는 그럴 기회를 적극적으로 발굴하기까지 했다. 원래 뭔가에 빠지거나 특정인을 추종하는 일이 잘 없는 내가, 왜 이 사람에게서는 유독 이렇게 헤어나지 못하는 것일까? 그동안 그 이유를 경험적으로 막연히 느낄 뿐 정확히 분석하지는 못하고 있었다. 그런데 나의 그런 경험은 나만의 것이 아니라는 수많은 이들의 증언과 그런 경험을 가능하게 만드는 루이스의 특별함을 설득력 있게 분석한 책이 나왔다. 내가 번역하여 홍성사에서 출간한 기독교 역사학자 조지 M. 마즈던의《C. S. 루이스의 순전한 기독교 전기》다. 책 전체가《순전한 기독교》를 중심으로 논의가 전개되지만, 루이스가 지금도 많은 이들에게 발휘하는 힘의 비결이 잘 정리되어 있다.

이 책의 백미는 마지막 8장이다. 저자는 8장에서 루이스가 가진 매력과《순전한 기독교》가 발휘하는 불후의 생명력의 원천을 7가지로 정리했다. 그의 설명을 보며, 그동안 내가 막연하게 느꼈던 바를 명쾌하게 정리하고 잘 표현해 주었기에 무릎이 탁 쳐지고 고개가 끄덕여졌다. 뼈대만 간추려 소개하자면 이렇다.

1) 루이스는 시대에 매이지 않는 영원한 진리를 추구했다. 그는 "세월의 시험을 견뎌 낸 생각들이 당대에 유행하는 최신 견해보다 신뢰성이 있다"고 확신했다. '과거에서 오는 균형 감각'은 그를 시간이 지나도 여전히 설득력 있는 작가로 만든다.

2) 루이스는 인간의 공통 본성을 청중과의 접촉점으로 삼는

다. "그는 평생에 걸쳐 영원한 진리를 추구한 끝에 핵심적 기독교 교리에 이르렀을 뿐 아니라 폭넓은 청중에게 다가갈 수 있는 능력도 갖게 되었다." 그의 문학 연구는 인간의 공통 본성을 찾는 데 필수적이었다. 그는 "문학 연구를 통해 많은 시간과 장소의 사람들로부터 배우고 그들의 경험을 공유"하는 과정을 거친 끝에 "여러 곳에서 지내 본 여행자" 같은 존재가 되었다. 그리고 주위 사람들로부터 배우고 그들을 통해 세상을 보려 했다. "자기 안을 들여다보는" 자기 성찰도 빠트릴 수 없다. 그의 편지를 읽어 보면 "그가 제기한 거의 모든 문제들은 자신의 여정 가운데 씨름한 것들"이었음을 알 수 있다.

3) 루이스는 이성을 경험, 감정과 상상력이라는 더 큰 맥락 안에서 보았다. 기독교를 제시할 때는 이성뿐 아니라 "감정, 즉 한 사람의 경험 전체를 구성하는 가장 깊은 사랑, 욕망, 두려움, 소망을 자극하는" 방식으로 이루어져야 한다고 생각했다. 《순전한 기독교》는 몇 가지 논증이나 증거를 제시하는 책이 아니라 "전인의 경험에 호소하는 책"이다. 이것이 그 책뿐 아니라 루이스의 모든 글이 갖는 힘을 말해 주는 중요한 요소라고 본다.

4) 루이스는 시인이고, 은유와 의미의 기술을 사용한다. 그는 "거의 모든 진리는 은유로 얻게 된다"고 보았다. "어떤 단어나 개념을 파악하기 위해서는 먼저 그것과 관련지을 명확한 이미지가 있어야 한다"고 본 것이다. "우리의 의미 있는 경험들은 내면적 경험으

로 구성되는데" 그런 경험들은 과학적이고 기술적 언어로 전달할 수 없고, "암시와 은유", 그리고 그런 경험들의 부산물로서 그 경험을 가리키는 "감정들"로만 전달할 수 있다.

5) 루이스의 책은 '순전한 기독교'를 다룬다.

6) 값싼 은혜를 제시하지 않고,

7) 복음 자체의 영광을 드러낸다. 그의 관심은 자신을 드러내는 데 있지 않고, 자신이 보고 경험한 진리를 제시하고 자신이 믿고 사랑하게 된 분을 소개하는 데 있다. 그의 글에서 자기중심성이 아니라 여유와 겸손과 배려가 느껴지는 이유가 여기에 있지 않을까 싶다.

사족이 분명하지만, 여기에 내 생각을 하나만 보태고 싶다. 루이스가 가진 매력은 결국 글에서 그가 전하고자 했던 바를 독자가 경험하게 해주는 데 있다. 그는 온갖 장르를 능숙하게 구사하는 이야기꾼이자 교사이다. 그의 책을 읽다 보면 그가 소개하는 기독교와 하나님, 구원의 길, 신자의 삶에 대해 설명을 듣는 데 그치지 않고, 간접적으로나마 그 속에 들어간 듯 생생하게 경험하게 된다. 루이스가 어린 독자에게 쓴 편지에서 들려준 글쓰기 조언은 본인이 실천하는 원리였던 것이다. "(글을 쓸 때) 독자들이 느끼기 원하는 것이 있다면, 해당 형용사를 사용하지 말 것. '그 일은 끔찍했다'고 쓰지 말고 독자들이 끔찍하게 느끼도록 하라는 의미야."

부록

루이스 저작을
읽기 위한 가이드

1장에서 루이스의 생애를 소개하면서 그가 쓴 주요 저서들을 순서대로 소개했고, 사실 이 책 전체가 루이스의 책에 대한 뒷담화라고 해도 무방할 것 같다. 그런데 스무 권이 넘는 다양한 장르와 난이도를 갖춘 루이스의 책을 어떤 순서로 읽으면 좋을지 궁금해하는 분들을 위해 독서 가이드를 넣어 달라는 편집자의 주문이 있었다. 그래서 루이스의 저작이라는 신세계에 발을 들여놓는 이들을 위한 독서 가이드를 준비했다.

나니아 연대기를 읽는 순서

《나니아 연대기》는 집필 순서와 출간 순서, 이야기의 내적 연대순이 다 다르다. 정리하면 다음과 같다.

No.	집필 순서	출간 순서	내적 연대순
1	《사자와 마녀와 옷장》	《사자와 마녀와 옷장》(1950)	《마법사의 조카》
2	《캐스피언 왕자》	《캐스피언 왕자》(1951)	《사자와 마녀와 옷장》
3	《새벽 출정호의 항해》	《새벽 출정호의 항해》(1952)	《말과 소년》
4	《말과 소년》	《은의자》(1953)	《캐스피언 왕자》
5	《은의자》	《말과 소년》(1954)	《새벽 출정호의 항해》
6	《마지막 전투》	《마법사의 조카》(1955)	《은의자》
7	《마법사의 조카》	《마지막 전투》(1956)	《마지막 전투》

루이스는 아이에게 보낸 답장에서 집필 순서에 따른 읽기를 권하지 않았다. 자신이 전체 계획을 갖고 쓴 것도 아니라고 밝힌다. 그러니 어떤 순서로 읽어도 괜찮다고 말한다(《루이스가 나니아의 아이들에게》 105쪽).

그러나 앨리스터 맥그래스는 루이스 전기 《C. S. 루이스》에서 나니아 연대기를 읽는 순서를 다루며 《사자와 마녀와 옷장》에서 아슬란에 대한 신비감이 강화되어 가는 대목을 살리기 위해서는 그 책이 첫 번째 목록에 올라야 한다고 주장한다. 그는 몇 가지 설득력 있는 근거로 《사자와 마녀와 옷장》과 《캐스피언 왕자》를 붙여서 읽고, 《마지막 전투》를 마지막에 읽어야 한다고 제안한다(자세한 내용은 그 책 353-356쪽을 참고하라). 나니아를 읽는 순서에 대한 그의 제안을 수용한다면, 이 정도가 될 것 같다. 《사자와 마녀와 옷장》, 《캐스피언 왕자》, 《말과 소년》, 《새벽 출정호의 항해》, 《은의자》, 《마법사의 조카》, 《마지막 전투》. 《말과 소년》은 페번시 남매들이 나니아를 다스리던 나니아 황금기에 벌어진 일을 다룬 '외전'에 해당하고, 《마법사의 조카》는 시리즈 전체의 '전편前篇'에 해당하니 《캐스피언 왕자》와 《마지막 전투》 사이의 어디에 읽어도 문제될 것은 없다.

덜컥 어려운 책을 집어 드는 일만 피하자

어떤 순서로 루이스의 책을 읽으면 좋은지에 대해 정답은 없고, 사람마다 다를 수 있다고 본다. 그래서 정반대로 생각해 보았다. 잘못 집어 들었다가 루이스가 어렵기만 하다는 편견을 심어 줄 수 있는 책들에 주의 표시를 하면 어떨까 생각한 것이다. 그래서 '왜 이렇게 어렵지?' 하고 당황할 수 있는 책들에는 ★ 표시를 했다(264-266쪽 표 참조). 논리적으로 좀 더 치밀하고 단단해서 어렵게 여겨질 수 있는 책들이다. 이 책들은 아예 목록에서 맨 뒤로 빼놓거나, 나중에 읽게 되더라도 몇 번씩 읽으리라 하는 생각으로 어깨에 힘을 빼고 이해되는 대목 위주로 읽어 나가면 좋을 것 같다. 그렇게 루이스 읽기의 잔근육을 단련하다 보면, 때가 되어 그 책들도 정독을 통해 큰 보람을 얻는 날이 있을 것이다.

판타지, 문학, 픽션부터 시작하자

《나니아 연대기》를 먼저 읽고, 랜섬 3부작(우주 3부작)을 읽으시라. 참고로, 루이스는 가장 좋아하는 책으로 《페렐란드라》와 《우리가 얼굴을 찾을 때까지》를 꼽았다.

그리고 악마의 관점에서 인간 영혼을 유혹하는 조언이 듬뿍 담긴 《스크루테이프의 편지》와 갖가지 이유로 천국의 초대를 거부하는 이들을 보여 주는 《천국과 지옥의 이혼》으로 넘어가면 좋겠다. 그의 글이 갖는 매력에 흠뻑 빠질 수 있을 것이다. 이제 《순전한 기독교》로 넘어가 보자. 루이스가 BBC 라디오 강연을 기반으로 쓴 이 책은 모든 장마다 15분 정도로 짧은 시간 안에 기독교를 변증하거나 기독교의 주요 주제를 다루는데, 그 간결함과 적실한 비유에 감탄하게 될 것이다. 그의 생각 전반을 알 수 있는 친절한 책이기도 하다.

내가 볼 때 그 정도 읽었으면, 그 다음부터는 어떤 순서로 읽어도 상관이 없다. 다음 쪽 표에 제시된 장르와 내용을 참고하여 관심 가는 순서에 따라 읽어 나가면 되겠다. 다만 서간집은 루이스의 전기와 더불어 그가 어떤 사람이었는지 아는 데 도움이 될 테니 놓치지 마시라. 한 사람 한 사람에 대한 목회적 상담을 지혜롭게 감당한 평신도 루이스의 면모를 보게 될 것이다.

처음 읽을 때 잘 이해되지 않는 부분이 있더라도 걱정하지 말자. 이해되는 선에서 읽고 넘어가도 된다. 특히 루이스의 글에서는 같은 주제가 시, 소설, 판타지, 예화, 논증에서 다각도로 변주되어 등장한다. 그러니 루이스가 쓴 다양한 장르의 책을 다 읽는다면 주요 주제들의 경우에는 더 깊이, 입체적으로 이해할 수 있을 것이다. 하지만 여러 장르를 아우르는 것이 여의치 않다면 자신에게 맞는 장르라도 읽는 것도 방법이다.

구분	제목	내용 및 특징
기독교 변증서	스크루테이프의 편지	고참 악마 스크루테이프가 신참 웜우드에게 영혼을 파멸로 이끄는 법을 조언한다.
	순전한 기독교	제2차 세계대전 당시 BBC 라디오에서 기독교를 소개하고 변증한 방송 강연을 원고로 집필.
	천국과 지옥의 이혼	지옥에서 천국 언저리로 여행을 떠난다. 천국의 초대에 응할 자 누구인가?
	★ 고통의 문제	고통과 하나님의 선하시고 전능하심은 어떻게 조화되는가?
	★ 기적	자연주의에 대한 통렬한 반박, 그리고 기적의 의미와 타당성에 대한 치밀한 논증.
	★ 순례자의 귀향	루이스의 첫 번째 기독교 변증서. 《천로역정》을 본뜬 작품이자 《예기치 못한 기쁨》의 알레고리 버전. 등장인물들이나 사건을 일일이 대응시키려 하지 말고 이야기에 빠져 큰 그림을 따라간다면 흥미롭게 읽을 수 있을 것. 곳곳에 등장하는 시가 매력 포인트.
	예기치 못한 기쁨	루이스의 영적 자서전.
기독교적 성찰이 담긴 단행본	헤아려 본 슬픔	아내가 죽은 후 1년 동안 써 내려간 슬픔의 기록.
	시편 사색	늘 진리를 변호하고만 살 수는 없는 법. 본인이 진리를 누리고자 쓴 시편에 대한 사색.
	네 가지 사랑	애정, 우정, 에로스, 자비의 실패와 영광
	★ 인간 폐지	도덕의 실재성과 객관성을 옹호.
	개인 기도	가상의 친구 말콤에게 보내는 편지. 기도에 대한 고민과 통찰을 담았다.

서간집	당신의 벗, 루이스	신앙적 조언과 지도가 담긴 385통의 편지.	
	루이스가 메리에게	같이 늙어 가는 미국인 작가 메리에게 보낸 편지.	
	루이스가 나니아의 아이들에게	루이스가 어린 학생들에게 보낸 편지. 나니아에 대한 정보가 많이 담겨 있다.	
소설, 판타지	침묵의 행성 밖에서	우주 모험의 시작. 다른 행성에서 지구와 인간의 영적 도덕적 상태를 보는 지리적 낯설게 하기.	우주 3부작 또는 랜섬 3부작이라 불림.
	페렐란드라	실낙원의 SF 버전.	
	그 가공할 힘	과학주의, 우생학에 대한 비판.	
	우리가 얼굴을 찾을 때까지	프시케 신화의 재해석. 신앙과 사랑에 대한 천착.	
	사자와 마녀와 옷장	속죄	
	말과 소년	섭리	
	캐스피언 왕자	회복	7권 나니아 연대기
	새벽 출정호의 항해	삶/여정	
	은의자	사명	
	마법사의 조카	창조	
	마지막 전투	종말론	

에세이집	영광의 무게	천국의 소망을 이야기하는 '영광의 무게' 등 설교와 강연 모음.	
	세상의 마지막 밤	종말론을 말하는 '세상의 마지막 밤' 등 설교와 강연 모음.	
	피고석의 하나님	윤리, 신학적 주제를 많이 다룸.	
	★ 기독교적 숙고	신학, 철학, 사상을 많이 다룸.	
문학 비평	오독: 문학 비평의 실험	루이스가 말하는 독서.	기독교적 관점과 지혜가 삶과 문학에 대한 이해에 녹아 있다.
	실낙원 서문	밀턴의 《실낙원》 연구의 필독서.	
	폐기된 이미지	중세 르네상스의 세계상이 펼쳐진다.	

사람마다 성향과 사전 지식에 따라 먼저 읽기에 적합한 책이 다를 수 있다. 홍성사에서 나온 C. S. 루이스 클래식 출간 순서를 따라가는 것도 좋은 방법이라고 본다. 단, 논리적으로 치밀한 글에 익숙하지 않다면, ★ 표시된 책을 뒤로 미루는 팁은 여기서도 유효하다.

짝으로 읽어 보자

루이스는 중요한 주제의 경우 다른 시각이나 다른 상황에서, 또는 다른 장르로 다루었다. 그러니 몇몇 책은 짝으로 읽어 보는 것도 좋은 방법이다. 그런 책들을 짝으로 읽으면 해당 주제에 대한 루이스의 생각을 더 깊이, 입체적으로 맛보는 또 다른 재미가 있다. 자기만의 눈으로 그런 짝을 찾아 나가는 것도 루이스의 세계를 알아가는 즐거움일 것이다.

제목		내용 및 특징
순례자의 귀향	예기치 못한 기쁨	루이스의 회심에 대한 두 가지 기록.
페렐란드라	실낙원 서문	최초의 유혹. 한 행성의 운명을 둘러싼 싸움.
그 가공할 힘	인간 폐지	가슴 없는 인간에 대하여.
순전한 기독교 1부	인간 폐지 부록	도덕률에 대한 논증과 증거.
기적	《피고석의 하나님》 1부 2장. 기적/ 9장. 장엄한 기적	
천국과 지옥의 이혼	《고통의 문제》 8장. 지옥/ 10장. 천국	판타지와 논증으로 그려 낸 천국과 지옥의 풍경.
네 가지 사랑	우리가 얼굴을 찾을 때까지	사랑에 관하여.
개인 기도	《기독교적 숙고》 12장. 청원 기도 《세상의 마지막 밤》 1장. 기도의 효력	기도라는 주제.
스크루테이프의 편지	당신의 벗, 루이스	지옥의 권고와 천국의 권고.
고통의 문제	헤아려 본 슬픔	고통에 대한 두 가지 성찰.
마지막 전투	《세상의 마지막 밤》 중 '세상의 마지막 밤'	종말론에 대한 판타지와 논증.

오리지널 에필로그
The Original Epilogue

지은이 홍종락
펴낸곳 주식회사 홍성사
펴낸이 정애주
국효숙 김기민 김서현 김의연 김준표 박혜란 송승호 오민택
오형탁 윤진숙 임승철 임진아 임영주 차길환 최선경 허은

2019. 4. 15. 초판 1쇄 인쇄 2019. 4. 22. 초판 1쇄 발행

등록번호 제1-499호 1977. 8. 1
주소 (04084) 서울시 마포구 양화진4길 3 전화 02) 333-5161 팩스 02) 333-5165
홈페이지 hongsungsa.com 이메일 hsbooks@hsbooks.com 페이스북 facebook.com/hongsungsa
양화진책방 02) 333-5163

ⓒ 홍종락, 2019

• 잘못된 책은 바꿔 드립니다. • 책값은 뒤표지에 있습니다.
• 이 도서의 국립중앙도서관 출판예정도서목록(CIP)은 서지정보유통지원시스템 홈페이지(http://seoji.nl.go.kr)와
  국가자료공동목록시스템(http://www.nl.go.kr/kolisnet)에서 이용하실 수 있습니다.(CIP제어번호: CIP2019013455)

ISBN 978-89-365-0359-8 (03230)